KB253137

압도적 1등을 만드는
병원 기획의 정석

압도적 1등을 만드는 병원 기획의 정석

초판 1쇄 인쇄 | 2026년 1월 26일
초판 1쇄 발행 | 2026년 2월 06일

지은이 | 이정숙
발행인 | 박보영
펴낸곳 | 도서출판 해뜰서가

디자인 | 아르케 DnP

등록일 | 2023년 7월 28일
주소 | 서울시 강북구 도봉로 308, 8층 R804호
전화 | 070-4300-1861
팩스 | 050-4246-1861
이메일 | haeddle0120@naver.com

ISBN 979-11-985283-9-1 (13320)

고객의 최종 선택을 이끄는 병원 기획 PT

압도적 1등을 만드는 병원 기획의 정석

이정숙 지음

해뜰서가

병원의 핵심 경쟁력,
문제를 기회로 바꾸는 힘!

"병원의 이 문제를 도대체 어디서부터 해결해야 할까요?"

나는 오랜 시간 병원 현장에서 이 질문을 받아왔다. 고객 수가 점점 줄어들어 고민인 병원도 있었고, 고객은 늘었지만 진료비 수입(매출)이 정체된 병원도 있었다. 상황은 달라도 문제의 본질은 같았다. 모두가 노력하고 있었지만, 그 노력이 성과로 남지 않고 있다는 점이었다. 내가 만난 원장들은 진료 실력이 뛰어났고 고객에 대한 책임감도 깊었다. 그런데 왜 병원은 흔들릴까. 원장이 부족해서가 아니다. 병원의 문제를 구조적으로 보고 해결하는 힘이 병원 안에 충분히 자리 잡지 못했기 때문이다.

　그러나 놀랍게도 병원 경영 기획력 향상 교육이나 문제 해결 중심의 컨설팅을 시작하면 단 3개월 만에도 병원의 역량은 눈에 띄게 성장한다. 어떤 문제를 봐야 하는가를 인식하기 시작하는 순간, 조직은 달라지기 때문이다.

　병원의 성장은 결코 혼자 해낼 수 있는 일이 아니다. 원장의 통찰 위에 중간관리자의 실행력이 더해져야 비로소 가능해진다. 그래서 병원 경영 기획은 원장과 중간관리자가 함께 배워야 하는 영역이다. 이 과정을 거친 병원에서는 구성원의 사고가 확장되고, 조직의 문화도 새롭게 자리 잡는다. 일의 방식이 바뀌면 문화는 자연스럽게 뒤따라 바뀐다. 조직 문화는 한두 번의 워크숍으로 바뀌지 않는다. 일의 방식이 바뀌고, 구조가 바뀔 때 문화는 자연스럽게 바뀐다.

　병원을 성장시키고, 매출을 향상시키려면 무엇을 해야 할까. 가장 중요한 것은 병원 현장의 문제를 정확히 정의하는 것이다. 병원에는 문제가 없는 날이 없다. 고객 불만족, 고객 이탈, 비효율, 직원 이탈, 관리 부재, 마케팅의 한계까지 여러 문제가 늘 동시에 존재한다. 이러한 문제는 여러 원인이 복합적으로 작동해 발생하는 것이므로, 현상이 아닌 원인에 주목해야 해결할 수 있다. 나는 늘 말한다. 사람을 바꾸기 전에 시스템을 먼저 바꾸는 것이 더 중요하다고. '나비를 쫓지 말고 나비가 찾아오도록 꽃밭을 가꾸라'는 말처럼 일이 잘 되는 병원의 구조부터 다시 설계해 보자는 제안한다.

나와 함께 이러한 과정을 함께한 병원들은 개원 초기부터 확장 단계까지 꾸준한 성장 단계를 거쳐 지금은 지역별, 분야별 1등 병원으로 불리고 있다. 과거 함께했던 병원으로부터 "다시 확장을 준비하는데 함께해 달라"는 연락을 받을 때면 직업적 자긍심을 느낀다. 그래서일까? 이제는 더 많은 병원의 성장을 돕고 싶어졌다. 이 책을 쓰게 된 이유도 바로 여기에 있다. 고객 중심의 진료 원칙을 지키며 가치를 높이고자 하는 성장형 병원이라면 모든 노하우를 아낌없이 전하고 싶다.

이 책은 병원 브랜딩, 고객 유입, 고객 경험, 직원 경험, 성과 관리라는 다섯 가지 축에 대한 해법을 제시하는 실전 병원 경영 전략서이다. 이 책에 담긴 모든 내용은 단지 책상 위에서 만들어진 이론이 아니라 현장에서 검증된 결과물임을 밝혀둔다.

압도적인 1등 병원은 단순히 진료비 수입이 높은 병원이 아니다. 고객에게 선택받는 이유가 분명하고, 직원이 성장하며, 직원이 바뀌어도 성과가 유지되어 불황에도 흔들리지 않는 병원이다. 이 책을 다 읽고 덮을 즈음, 병원의 리더들은 직원들과 함께 1등 병원을 설계하는 기획자가 되어 있을 것이다. 이 책이 지금보다 조금 더 단단한 병원을 만들고 싶은 리더들의 실전 전략서가 되기를 소원한다.

이 책은 결코 혼자 만든 결과물이 아니다. 현장에서 함께 고민해 준 원장님들, 변화를 두려워하지 않고 동참해 준 직원들, 그리고 기획공장의 방향을 믿고 함께 걸어준 모든 분들께 깊이 감사드린다.

특히 저의 가능성을 믿고 1년간 글쓰기 코칭을 해주신 《어른의 대화법》의 임정민 작가님, 해뜰서가의 박보영 대표님 그리고 언제나 곁에서 든든한 힘이 되어준 가족들에게 진심으로 고마움을 전한다.

- 병원기획 교육과정은 기획공장 교육원(온라인·오프라인)에서 진행중입니다(기획공장 홈페이지, 기획공장 네이버 카페 등 공지).

- 이 책을 읽은 후 궁금한 점이나 적용할 수 있는 기획 양식이 궁금하시면 '기획공장 네이버 카페'에서 질문해 주세요. 압도적 1등이 될 수 있도록 도와드리겠습니다.

기획공장
공식 홈페이지

병원기획스쿨
온라인 강의

기획공장
네이버 카페

기획공장
네이버 블로그

유튜브
병원기획언니

Chapter 1
'온리원'으로 자리 잡는 병원 브랜딩

Chapter 4

직원이 웃을수록 병원이 성장한다

Chapter 5

압도적 1등 병원의 성과 관리법

1

'온리원'으로 자리 잡는 병원 브랜딩

고객이 병원 간판을 볼 때부터 진료를 마치고 나올 때까지
일관된 경험을 제공할 때
병원은 믿을 수 있는 브랜드로 자리 잡는다.
브랜딩은 '겉과 속이 같은 병원'을 만드는 과정이며,
이것이 고객에게 오래 기억되고 다시 찾게 만드는 힘이 된다.

01

고객이 정말
가고 싶어 하는 병원

2024년 추석의 일이다. 그해에는 정부가 의과대학 정원 확대를 추진하겠다고 발표했고, 그 여파로 전공의와 의대생들이 이탈하면서 의료 공백이 예상된다는 뉴스가 연일 보도됐다. 우리 가족은 이번 추석만큼은 정말 다치지 말자고 입을 모았고, 나 역시 평소보다 더욱 조심스러운 명절을 보내고 있었다.

그런데 예기치 않게, 남편이 자기 발에 걸려 넘어지는 바람에 어깨 인대가 끊어지는 사고를 당했다. 처음엔 단순한 타박상이라 여겼지만, 통증이 심해져 결국 119의 도움을 받아 병원 응급실로 향했다. 그러나 병원 응급실에는 정형외과 전문의 대신 내과 의사가 어깨를 진료했고, "수술이 필요할 것 같다"며 큰 병원으로 가보라는 안내만 받을 수 있었다.

정형외과는 많았지만, 막상 어깨 인대 수술이 가능한 병원을 찾는 건 예상보다 훨씬 어려웠다. 특히 명절 기간 중이라 선택지는 더 제한적이었다. 급한 마음에 '어깨 수술 잘하는 곳', '추석 진료하는 정형외과' 등을 검색했고, 그 과정에서 어깨 수술은 수부 센터가 있는 병원에서 주로 시행된다는 정보를 얻게 되었다. 지인들에게도 물어보고 리뷰와 홈페이지를 비교하면서 가까운 병원 네 곳을 북마크해 두었다. 그중 '근골격계의 기준이 되는 곳'이라는 슬로건이 눈에 띄는 병원이 있었다. 앞서가고 전문적일 것 같은 문구에 마음이 끌렸는데, 더욱이 추석 당일 진료가 가능한 곳이라는 점이 좋았다.

방문해 보니 연륜 있는 정형외과 전문의가 직접 진료를 봐주었고, 검사 후 바로 입원과 수술 일정을 조율해 주었다. 수술 결과 또한 매우 만족스러웠다. 병실 관리나 안내, 간병이 필요 없는 운영 시스템 등 세심한 배려가 인상 깊었다. 남편은 나에게 "당신은 역시 병원 고르는 눈이 있어"라면서 병원 진료에 만족감을 표현했다.

이러한 경험은 많은 고객이 병원을 선택하는 흐름과 다르지 않을 것이다. 병원을 선택한 환자들은 치료 이상의 해답을 얻게 되었을 때 만족감을 느끼게 된다. 병원은 환자가 가장 힘들고 막막할 때 복잡한 걱정과 불편함을 하나씩 풀어주는 든든한 해결사가 되어주어야 한다. 환자의 고민을 가장 먼저 발견하고, 그 해법까지 함께 고민해 주는 곳, 내가 선택한 병원은 그런 곳이었다.

고객들의 선택 여정은 이미 마음속에서 시작된다. 고객은 '나시 건강해지고 싶은 바람(To-be)'을 안고 검색창으로 향한다. '내가 가진 증상은 뭘까?', '어떤 병원에 가야 할까?', 이런 질문을 검색창에 쏟아내고, 수많은 병원을 저울질하며, 자신의 문제를 해결해 줄 수 있는 병원을 선택한다. 그렇기에 병원은 병원 관점이 아닌 고객 관점에서 정보를 구성해야 한다.

책《무기가 되는 스토리》는 말한다. 스토리의 주인공은 브랜드가 아니라 고객이어야 한다고. 스티브 잡스의 예가 이를 잘 보여준다. 그는 한때 애플에서 쫓겨났고, 복귀 전에는 제품 기능과 성능을 9페이지에 걸쳐 나열한 광고를 만들었다. 그러나 그 광고는 고객의 관심을 얻지 못했다. 픽사를 인수해《토이 스토리》같은 전 세계적 스토리 명작을 만든 후, 잡스는 깨달았다. 스토리가 전부라는 사실을.

이후 잡스는 애플에 복귀하였고, 복귀 후 처음으로 만든 광고에 제품이 아니라 '혁신적인 인물'과 'Think Different'라는 문구만 담았다. 메시지는 간단했다. "애플을 쓰면, 당신은 다르게 생각하고 내면의 천재성을 발휘할 수 있다"는 것. 애플은 사람을 주인공으로 세웠고, 그 결과 세계 1위 기업이 됐다.

병원 브랜딩도 마찬가지다. 병원의 탄생 배경, 진료 철학, 의사의 진정성을 나열하는 것도 중요하지만, 병원이 브랜딩의 주인공이 되면 고객은 관심을 잃는다. 병원이 해야 할 일은 고객이 가진 '문제 해결'에 집중하는 것이다. 잘되는 식당이 하나의 메뉴로 승부하듯, 병원도 고객이 가장 해결하고 싶어 하는 문제를 풀 능력이 있다는 점을 잘 드러내야 한다.

기억에 남는 브랜드 스토리 공식

- **주인공** : 핵심 고객
- **문　제** : 고객이 가진 가장 중요한 문제와 원인
- **해　결** : 병원이 제공하는 구체적 방법
- **결　과** : 고객이 얻게 되는 변화와 가치

　이러한 스토리를 고객에게 보여줄 수 있다면, 고객은 그 병원에서 자신의 문제를 해결할 수 있을 거라고 생각한다. 그 순간 브랜드는 눈에 띄고 기억에 남는다.

02

브랜드,
고객 선택을 좌우하는 핵심 요소

우리는 물건을 살 때 브랜드를 본다. 커피를 마실 땐 스타벅스와 메가커피를 두고 고르고, 휴대폰을 구매할 땐 삼성과 애플을 두고 고민한다. 운동화를 살 땐 나이키와 아디다스를 두고 비교한다. 병원은 어떨까? 병원을 선택할 때 역시 비슷한 방식으로 브랜드를 인식하고 있다.

"친절하고 설명 잘 해주는 병원이야."

"저 병원은 아이 진료만 잘 본대."

"여기는 동네 어르신들이 많이 다니는 곳 같아."

이 모든 인식이 바로 병원 브랜드다. 한 기업에서 치약 마케팅 기획을 맡았던 경험이 있다. 당시 국내에 출시된 치약 제품만 950개 이상이었고, 시장은 이미 성숙해 경쟁이 매우 치열했다. 이때 마케팅 기획보다 먼저 해야 할 것이 바로 브랜드 정체성을 먼저 정리하는 것이었다. 치열한 경쟁 시장에서 아무리 좋은 말로 고객에게 메시지를 보내도 돌아오는 답은 무응답과 "브랜드를 몰라서 관심이 안 생겨요"라는 답변이었다.

병원도 마찬가지이다. 효과적인 마케팅을 하려면 병원이 누구인지, 무엇을 가치로 삼는지 그리고 고객에게 어떤 인상을 남기고 싶은지를 명확히 정의하는 것부터 시작해야 한다. 병원 브랜드는 단순한 로고나 슬로건이 아니라, 병원의 철학·비전·행동 방식까지 포함하는 브랜드의 가치이며 핵심 뼈대이다. 브랜드 정체성은 병원이 누구인지, 어떤 가치를 추구하는지 그리고 고객에게 어떤 이미지를 남기고 싶은지를 명확하게 보여주는 기준이다.

브랜드 정체성을 구성하는 요소는 세 가지로 설명된다. 첫 번째는 브랜드 미션(Brand Mission)이다. 병원이 존재하는 이유, 역할과 목적을 의미한다. 예를 들어 '고객의 일상을 회복시키는 맞춤형 치료 제공'이라는 미션은 진료 과정 하나하나에 직접 반영되며, 모든 직원이 고객을 대하는 태도와 서비스의 기준이 된다.

두 번째는 브랜드 비전(Brand Vision)이다. 병원이 나아갈 방향으로, 3~5년 후 되고 싶은 모습을 나타낸다. 예를 들어 '지역 사회 최고의 척추관절 전문병원'이라는 비전은, 현재의 진료뿐 아니라 향후 병원의 발전 방향과 투자 계획을 이끄는 나침반 역할을 한다.

세 번째는 핵심 가치(Core Values)이다. 병원이 중요하게 여기는 판단 기준이자 행동 원칙이다. 예를 들어 '환자 중심 치료', '평생 주치의', '정직한 진료'와 같은 핵심 가치는 병원의 모든 의사결정과 행동에 기준을 제공한다. 미션과 비전이 먼저 정의되었다면 병원의 가치 설계를 함께 만들고 문화로 내재화하여야 한다.

병원의 가치를 내재화한다는 것은 단순히 "우리는 이런 병원입니다"라고 말하는 것을 넘어, 의료진과 직원 모두가 그 가치를 체화하고, 고객도 그 가치를 느끼고 공감하게 만드는 일이다. 즉, 우리 병원의 철학과 강점이 조직 내부에 스며들어 일하는 방식과 서비스 전반에 자연스럽게 반영되는 상태를 말한다. 내재화를 위해서는 병원의 핵심 가치를 명확하게 정리하여 공유하고, 전 직원이 가치에 공감하고 행동으로 연결되게 해야 한다. 이러한 내재화가 고객에게 스며들도록 고객 경험을 설계한다. 정기적으로 리마인드 교육 계획, 우수 직원 선정 시 가치관에 부합하는 행동을 평가 기준에 포함하는 등 적용 계획을 다양하게 세울 것을 추천한다.

가치 설계가 잘 되어 있으면 의료진과 직원은 어떤 자세로 일해야 하는지를 명확히 알고, 고객에게 일관된 서비스를 제공할 수 있다. 처음 내원한 고객은 진료의 전문성을 아직 체감하지 못한다. 대신 검사·상담 과정에서 받는 느낌으로 병원의 서비스 수준을 예측하고, 치료 여부를 결정한다. 가치 설계와 일관된 소통이 있다면, 고객은 기술보다 먼저 진정성을 느끼게 된다.

03

고객 마음속
깊이 각인되고 싶다면

최근 미국 스타벅스는 좌석 없이 운영되던 픽업 전용 매장을 단계적으로 폐지하겠다고 발표했다. 이유는 단순한 수익 문제가 아니었다. 브랜드 철학과 맞지 않았기 때문이다.

스타벅스가 정의한 브랜드의 본질은 단순한 커피 판매가 아니다. 집이 제1의 장소, 직장이 제2의 장소라면 스타벅스는 그 사이에 제3의 공간(Third Place)을 설계했다. 이곳은 개인이 사회적 관계를 맺으면서도 혼자만의 시간을 가질 수 있는, 지극히 개인적이면서도 열린 공간이다. 이 철학은 공간의 온기와 사람의 연결감을 중시한다. 그래서 드라이브 스루처럼 차에서 내리지 않고 주문하는 방식을 가끔은 괜찮다며 예외로 허용했지만, 픽업 전용 매장은 달랐다. 니콜 스타벅스 CEO는 이렇게 말했다.

"픽업 매장은 지나치게 거래 중심적이었다. 우리 브랜드의 본질인 따뜻함과 인간적인 연결이 부족했다."

스타벅스는 매출에 도움이 되더라도 브랜드 본질을 훼손할 수 있다면 과감히 포기했다. 브랜드 본질에 맞는 고객 경험이 매출보다 더 중요한 판단 기준이 된 것이다. 스타벅스라는 브랜드는 이미 완성된 이미지나 인식이다. 녹색 로고, 커피 향, 제3의 공간이라는 느낌이 바로 브랜드다. 즉, 브랜드는 이미 만들어진 가치이다.

브랜딩은 사람들이 브랜드를 떠올릴 때 특정 이미지나 감정, 가치를 느끼도록 꾸준히 심어주는 모든 활동을 말한다. 매장에서 향·인테리어·음악·색감을 일정하게 유지하는 것처럼, 브랜드를 만들고 강화하며 지켜가는 진행형 동사다. 스타벅스가 픽업 전용 매장을 포기한 결정은, 브랜드를 지키고자 하는 브랜딩의 일환이라고 할 수 있다.

브랜딩은 글로벌 기업만의 전략이 아니다. 유튜브·인스타그램 같은 SNS의 성장, 스마트 스토어와 같은 소규모 마켓 활성화, 크몽·숨고 같은 프리랜서 플랫폼의 발달로 이제 개인도 브랜드가 되어야 살아남는 시대가 되었다.

병원이 기술·마케팅·시스템에만 집중하다 보면 가장 중요한 본질을 놓칠 수 있다. "기본에 충실하자", "초심으로 돌아가자"는 말이 단순해 보이지만, 브랜드가 흔들릴 때 방향을 잡아주는 나침반이 된다. 스타벅스 사례는 분명한 메시지를 준다. 진짜 신뢰는 화려한 기술이 아니라, 철학과 경험의 일관된 표현에서 나온다.

많은 병원이 비슷한 진료과목과 장비를 갖추고 있다. 고객에게 차별화를 전달하는 게 생각보다 쉽지 않다는 뜻이다. 그렇다면 고객이 "그 병원은 다르다"고 느끼는 순간은 언제일까? 그 인식은 병원을 떠올리는 순간부터, 방문했을 때의 공간 경험, 직원의 말투, 안내 방식, 대기 시간, 진료 과정의 배려까지 모든 접점에서 만들어진다. 스타벅스가 매출보다 브랜드 본질을 지킨 것처럼, 병원도 단기 이익보다 브랜드 철학이 스며든 일관된 고객 경험을 지켜야 한다. 이것이 고객이 다시 찾고, 다른 사람에게 추천하는 '다름'을 만들어준다.

컨설팅을 의뢰하는 원장님들은 이런 고민을 털어놓는다.

"직원들이 자꾸 퇴사하는데, 채용도 어렵고 이유를 모르겠어요."

"환자 불만이 줄지 않아요. 해결 방법이 궁금합니다."

"확장 이전을 했는데 고객 만족도가 오히려 떨어졌어요."

이런 상황이 되면 병원 철학은 흔들리고, 고객 경험을 관리하기 어려워진다. 병원 간 경쟁은 치열해지고, 비용은 오르지만 의료 수가는 제자리다. 병원이 진정한 브랜드가 되기 위해서는, 단순히 눈에 보이는 마케팅 전략이 아닌 근본적인 브랜딩 철학을 먼저 정립해야 한다. 그 출발점은 '우리는 왜 이 병원을 운영하는가?', '어떤 고객에게 어떤 가치를 전달하고 싶은가?'에 대한 질문에서 시작된다. 명확한 브랜드 철학이 있어야 병원의 존재 이유가 분명해지고, 전 직원이 같은 방향을 바라볼 수 있다. 병원이라는 공간을 구성하는 모든 경험에 브랜드 철학이 녹아들어야 한다. 접수에서 대기, 진료, 퇴실까지의 여정 속에서 고객이 병원의 철학을 직접 '느끼도록' 설계된 고객 경험이 필요하다. 단순한 친절을 넘어서, 고객의 감정과 기대를 고려한 세심한 접점 설계는 브랜드를 일관되게 전달하는 핵심 요소가 된다.

브랜드는 공간만으로 완성되지 않는다. 병원의 인테리어, 조명, 음악, 향기, 유니폼, 직원의 말투와 태도까지 모든 요소가 하나의 메시지를 말하고 있어야 한다. 즉, 공간과 사람이 함께 보내는 메시지가 일치해야 비로소 병원 전체가 브랜드로 인식된다. 예컨대, 따뜻한 공간에서 차가운 말투가 나온다면 브랜드는 무너진다. 브랜딩은 외부에만 향하는 활동이 아니다. 오히려 내부 브랜딩이 선행되어야 한다. 직원들이 병원의 철학을 이해하고, 그 철학이 행동으로 연결될 수 있도록 하는 교육과 문화 조성이 반드시 필요하다. 단지 매뉴얼을 따르게 하는 것이 아니라, 직원 스스로 브랜드의 일원이자 전달자로서의 자부심을 느끼게 만들어야 한다.

브랜딩은 마케팅보다 앞서야 한다. 브랜드 철학이 정립되지 않은 채 마케팅만 강화하면, 단기적인 매출 목표에 병원은 일관성을 잃고 고객의 신뢰를 얻기 어렵다. 반면, 브랜드가 먼저 만들어지면 마케팅은 자연스럽게 힘을 갖게 된다. 브랜드의 일관성과 감정적 연결은 광고비보다 강력한 바이럴 효과를 만든다.

브랜딩은 마케팅보다 더 깊은 영향력을 갖는다. 그렇기에 이제 병원도 브랜드가 되어야 한다. 단기 성과보다 철학을 지켜가는 병원, 기술보다 경험을 설계하는 병원이 살아남는다. 브랜드가 되는 것이야말로 지금 시대에 병원이 경쟁력을 갖는 가장 강력한 전략이다. 이제는 단순한 병원이 아니라, 고객의 마음속에 각인된 브랜드가 되어야 할 때다.

04

'환자' 아닌 '고객'으로 봐야 하는 이유

우리나라 병원에서는 진료를 받는 사람을 환자(Patient)라고 부른다. 병원에서 근무하다 보면, 환자를 고객이라고 부르는 일이 어색하게 느껴진다. 대상자를 부를 때는 "○○님"이라고 존칭을 쓰지만, 차팅이나 교육, 의료진 대화 속에서는 늘 '환자'라는 표현이 나온다. 가끔 고객이라고 말하면, 상업적인 느낌이 강해진다는 반응도 있다. 하지만 최근 해외에서는 Patient 대신 Client, Guest, Consumer, Service user 등 다양한 호칭을 사용한다. 이는 의료 서비스의 패러다임이 단순한 치료를 넘어 고객 경험과 만족으로 확대되고 있기 때문이다.

그렇다면 우리는 왜 여전히 환자라는 호칭을 바꾸지 못할까? 그 이유는 의료계에 오랫동안 자리 잡아온 '의사—환자'라는 위계적·권

위적 관계가 있어서이고, 또 하나는 의료진의 무의식적 습관 때문이다. 이제는 이들을 환자가 아닌 고객으로 바라봐야 한다. 왜냐하면 병원 이용 목적이 단순 치료에 그치지 않고, 건강 관리·예방·상담 등으로 다양해졌기 때문이다.

환자(Patient)는 전통적으로 질병 치료가 필요해서 의료 서비스를 받는 사람이란 의미로 의료진 중심, 치료 중심의 용어이다. 환자라는 단어 속에는 치료받아야 하는 사람이라는 수동성이 있다. 반면, 고객(Customer)은 대가를 지불하고 가치를 경험하는 사람으로 선택권과 목소리를 가진 사람이라는 능동성이 있다. 병원은 고객을 단순히 진료 대상이란 개념을 넘어, 경험과 서비스의 소비자이자 병원의 성장 파트너로 보아야 한다.

'환자 치료에만 집중'이라는 말은 의료 현장에서는 칭찬처럼 들린다. 하지만 마케팅과 브랜딩 관점에서는 조금 다르다. 환자로 보고 진료하는 병원은 대체로 환자가 오면 접수하고, 진료하고, 처방하거나 수술하고, 치료가 끝나면 '임무 완수!'가 된다. 즉 의료진 중심, 치료 중심이며 병원 운영의 기준도 '치료 성공률'과 '수술 건수' 같은 지표에 맞춰져 있다. 이 방식의 장점은 진료가 빠르고 정확하다는 것이다. 응급 상황에서는 생명을 살리는 데 최적화되어 있고, 의료진이 본업인 치료 기술에만 집중할 수 있다.

그런데 문제는 치료가 끝나면 관계도 끝난다는 것이다. 대기실에서 불편했던 의자, 길었던 대기 시간, 불친절했던 안내는 그대로 기억 속에 남는다. 고객은 병원 문을 나가면서 치료에 만족할지 몰라도 재방문하고 싶은지에 대해서는 물음표를 그릴 것이다.

서울의 한 치과가 그러했다. 임플란트 수술 성공률이 높아 원장님들 사이에서도 '실력파'로 통했다. 하지만 예약은 전화로만 가능했고, 대기 안내는 전혀 없었다. 수술 후 관리 프로그램도 없어서, 고객들이 다른 병원으로 이동해 버렸다. 결국 지역에서 '수술은 잘하지만 불친절한 병원'이라는 이미지가 굳어졌다. 개원 초에는 진료만 잘하면 고객이 늘 거라는 생각에 치료 기술과 장비 투자에만 집중했다. 하지만 10년이 지난 지금 신규 고객은 꾸준히 들어왔지만, 그 수가 현저히 감소했고 재방문율이 낮았다. 원인은 '환자' 관점에서만 병원을 운영했기 때문이다.

컨설팅 당시 나는 '환자가 아닌 고객으로 관점의 전환'을 제안했고, 고객의 선택과 재방문을 늘리기 위해 서비스 교육과 함께 다양한 의료 서비스를 도입했다. 네이버 예약과 모바일 예약 시스템 도입으로 24시간 편리하게 예약할 수 있게 되었고, 대기 안내 알림 서비스로 불필요한 대기 시간을 단축하여 고객의 만족도를 높였다. 진료 후 일주일 뒤 치료받은 부분에 대한 상태 체크 메시지를 발송한 결과, 3개월 후 재방문율이 25% 증가했다. 환자를 고객으로 바라보고 그에 맞는 서비스를 도입함으로써 '환자 → 고객 → 충성고객'이라는 변화가 가능하게 된 것이다.

고객을 환자로 본다면 치료를 잘하는 수준에 머문다. 고객 관점으로까지 확대해서 보면 치료도 잘하고, 다시 오고 싶은 병원을 만들 수 있다. 병원 브랜딩은 치료(환자 관점)와 경험(고객 관점)을 모두 설계해야 성공한다. 현대 의료 시장에서 환자는 곧 고객이다. 하지만 모든 고객이 환자가 되는 것은 아니다. 환자는 치료를 받으러 오고, 고객은 경험을 하러 온다. 병원의 미래는 치료실 안에서만 만들어지지 않는다. 고객의 마음속에서, 병원 밖에서도 이어진다. 이러한 인식의 전환을 바탕으로, 이 책에서는 '환자'보다는 '고객'이라는 표현을 사용하고 있다.

05

고객 세분화의
중요성

“○○ 진료도 가능, ○○ 진료도 가능, ○○ 진료도 가능합니다.”

개원 초기의 병원들에서 자주 보이는 문구이다. 하지만 이처럼 모든 것을 다 한다는 메시지는 오히려 아무것도 잘하지 못한다는 인상을 줄 수 있다. 개원을 앞둔 원장님들이 흔히 빠지는 착각이 하나 있는데, “고객층을 넓게 잡으면 유입도 많아지지 않을까?”라는 것이다. 그래서 병원의 간판이나 슬로건, 광고 문구가 점점 모호해진다.

문제는 고객의 관점이다. 이 병원이 나의 문제에 집중하는 곳인지에 대한 확신이 서지 않으면, 발걸음은 점점 멀어진다. 그렇기에 고객층을 ‘넓게’ 아닌 ‘깊게’ 잡는 것, 이것이 개원 초기 병원이 살아남는 전략이다.

“그 사람들은 왜 우리 병원을 찾을까?”

이 질문에 답하려면 근거 있는 데이터가 필요하다. 그 시작은 온라인과 오프라인 고객 데이터를 모으는 일이다. 정답은 고객에게 있기 때문이다. 먼저 온라인 데이터는 홈페이지 유입 경로 분석(네이버 검색, SNS 광고 등), 자주 클릭되는 진료 항목, 문의/예약 상담 내용(예를 들어 "치아 미백 가격이 궁금해요"), 블로그·유튜브·인스타그램 댓글과 DM 등을 말한다. 이러한 온라인 데이터를 수집해야 한다.

오프라인 고객 데이터는 병원에 직접 방문해 접수한 고객의 기본 인적 사항(연령·성별·거주지), 진료 차트에 기록된 주요 증상, 방문 시간대, 진료 예약 패턴, 고객 피드백, 치료 후 설문지 등을 말한다. 접수 시 '병원을 알게 된 경로'나 '치료받으러 오게 된 계기'도 간단히 체크하도록 한다면 데이터가 훨씬 풍부해진다.

데이터가 모이면, 다음은 어떻게 해야 할까. 질서 있고 유의미하게 구분해야 한다. 즉, 고객을 이슈별로 세분화하는 것인데, 단순히 연령이나 성별 등 인구통계학적 기준을 넘어 고객의 니즈, 생활방식, 지리적 위치 등과 같은 기준으로 쪼개는 것이다. 무질서하게 존재하는 정보를 비슷한 성질끼리 구분해서 정리함으로써 고객의 본질을 파악하는 것이다.

고객을 세분화하는 궁극적인 목표는 우리 병원을 좋아해 줄 수 있는 고객을 찾아내기 위해서다. 어떤 병원이라도 모든 사람을 백 퍼센트 만족시킬 수 없다. 불특정 다수를 타깃화한다고 해서 모두 우리 병원으로 몰려올 리 없다는 뜻이다. 그러니 나눠야 한다. 나눠서 우리 병원의 강점에 잘 맞는 한 그룹에 마케팅을 집중해야 한다.

고객 구분을 잘 해내면 우리 병원이 가장 필요한 고객이 누구인지 찾아낼 수 있다. 사람들이 병원을 찾을 때 목적과 필요가 제각각이다. 어떤 사람은 예방이 목적으로, 정기적인 스케일링으로 잇몸을 관리하려고 한다. 어떤 사람은 심미적 개선을 원한다. 하얀 치아, 고른 치열, 더 예쁜 미소를 원한다. 누군가는 통증 해결이 급하다. 충치, 잇몸 염증, 치통 등 응급 진료가 필요하다. 또 다른 사람은 기능 회복이 목적이다. 씹는 게 불편하고, 식사가 어려워서 온다. 그리고 치과 치료가 무서운 사람도 있다. 이들에게는 공포심을 줄여주는 병원이 중요하다. 똑같이 스케일링을 받더라도, 어떤 이는 치주염이 걱정되어 오고, 어떤 이는 회사 건강검진 때문에 오고, 또 어떤 이는 더 좋은 인상을 위해 온다. 이렇게 세분화해야 진짜 고객의 얼굴이 보인다.

생활 방식에 따라서도 다르다. 예를 들어 치과 진료는 삶의 리듬과 맞물려 있다. 그래서 고객을 이해하려면 생활 패턴도 들여다봐야 한다. 직장인은 평일 오전에 병원을 가기 어렵기 때문에 점심시간 진료나 야간진료가 있는 병원을 선호한다. 학생은 학기 중 진료가 어려우니까 방학 시즌에 교정을 시작하려 한다. 치과가 무서운 사람은 공감력 높은 설명과 수면진료 옵션이 중요하다. 고가치 지향 고객은 치료 비용보다 진료 품질, 재료, 결과를 먼저 본다. 비용 민감형 고객은 보험 적용 여부와 가격대에 따라 병원을 결정한다.

가끔은 고객의 마음을 기준으로 나눌 수도 있다. 건강이 우선이라는 사람은 잇몸 관리, 스케일링, 정기 검진을 중요하게 생각한다. 외모가 먼저인 사람은 미백, 교정, 앞니 성형에 민감하다. 가성비가 중요한 사람은 기본적인 충치·신경 치료를 빠르고 합리적으로 받고 싶어 한다. 설명이 친절한 곳을 찾는 사람은 병원의 분위기와 의사의 말투에서 신뢰를 느낀다.

이렇게 고객을 진짜로 이해하려면 무엇보다 먼저 그 사람이 병원을 찾은 이유를 물어야 한다. 그 이유가 우리 병원의 강점에 부합한다면 그 고객은 단순한 '방문자'가 아니라 우리 병원을 선택할 명확한 이유를 가진 핵심 고객이 된다. 개원 초기에 해야 할 일은 우리 병원을 필요로 하는 사람을 정확히 알아보고 그들에게 집중하는 것이다. 병원의 경쟁력은 진료 항목의 개수보다는, "왜 이 병원이어야 하는가"라는 질문에 얼마나 분명하게 답할 수 있는지에 따라 만들어진다.

06

'넘버원 고객'을
찾아라

얼마 전 잘 아는 치과 실장에게 연락이 왔다. 원장님이 치약을 개발해서 네이버 쇼핑몰에 운영하게 되었는데, 그 일을 자신이 맡게 되었다는 것이다. 문제는 실장도 온라인 쇼핑몰 운영 경험이 없었고, 제품이 팔릴 거라는 확신이 들지 않는다는 점이었다. 내가 제품 기획과 마케팅 경험이 있다 보니, 이 상황이 낯설지 않았다. 실장에게 물었다.

"이 치약의 차별점은 뭐예요?"

"만병통치약이에요."

한참을 함께 웃었다. 상세페이지에는 구취, 잇몸질환, 충치 예방 등 모든 증상에 효과가 있다는 설명뿐이었다. 그 치약이 만병통치약이라고 말하는 것 같았다. 이처럼 병원에서 의료진이 제품을 만들

때 마케팅 기획 없이 스스로가 만들고 싶은 제품을 만드는 경우를 많이 보았다. 가치를 높이기 위해서는 내가 아닌 고객이 필요로 하는 것을 만들어야 한다.

과거에 위의 사례와 비슷한 경험을 한 적이 있었다. 의료진이 만든 '성분 좋은 치약'을 리뉴얼하라는 미션이었다. 확실히 성분은 좋았는데 잘 판매되지 않았다. 그래서 고객이 모인 현장을 찾아가기 시작했다. 치과 학회, 박람회 부스를 돌며 직접 고객의 반응을 들었고, 하나를 깨달았다. 문제는 성분이 아니라, 이 제품이 누구를 위한 것인지 정의되지 않았다는 것.

이후 온·오프라인 고객 분석을 통해 우리는 핵심 타깃을 '치주질환에 민감한 40대 이상과 임산부'로 설정했다. 고객 조사를 토대로 이들이 중요하게 여기는 요소인 잘 닦인 느낌, 맛, 사용 이유 등을 중심으로 제품을 리뉴얼했다. 결과는 놀라웠다. 맘카페 1위, 판매량 급증, 임산부 추천템으로 등극 등등. 핵심 고객을 명확히 정의하자 성과가 따라왔다.

병원도 마찬가지다. 병원도 '누구를 위한 병원인지'가 명확하지 않으면, 아무리 좋은 진료와 기술이 있어도 고객은 반응하지 않는다. 우리 병원이 가장 잘 도울 수 있는 핵심 고객을 정의한 후, 이들이 원하는 것과 일치하는 서비스를 제공해야 성공을 거둘 수 있다.

이제 고객 정의에 대해 알아보자. 우리가 만나는 고객은 세 분류로 정의할 수 있는데, 이는 전 세계적으로 마케팅 및 사업 전략 영역에서 널리 사용되는 개념이다.

- TAM(Total Addressable Market) : 전체 잠재 고객 시장
- SAM(Serviceable Available Market) : 우리가 접근 가능한 고객(넘버투 고객/가망 고객)
- SOM(Serviceable Obtainable Market) : 실제로 우리가 확보 가능한 핵심 고객(넘버원 고객/핵심 고객/타깃 고객)

여기서 SOM이 우리가 찾아내야 할 핵심 고객이다. 마케팅의 귀재 러셀 브런슨은 《마케팅 설계자》에서 핵심 고객을 '넘버원 고객', 가망 고객을 '넘버투 고객'이라는 말로 표현했다. 핵심 즉 넘버원 고객이 말 그대로 병원이 가장 잘 도와줄 수 있는 고객을 의미한다. 병원의 자원과 역량이 투입되었을 때 가장 높은 성과와 만족도를 동시에 만들어내는 고객군이다.

어떤 기업이나 병원도, 모든 고객을 만족시키기란 현실적으로 불가능하다. '누구에게나 좋을 것 같다'며 막연하게 접근하지 말고, 딱 하나의 넘버원 고객을 제대로 만족시켜 보자.

나는 마케팅 기획을 할 때 반드시 STP 전략을 쓴다. 이 전략을 적용하면 넘버원 고객을 찾아낼 수 있을 뿐 아니라 이들의 만족 문제를 해결할 수 있다. STP 전략은 시장을 세분화(Segmentation)하고, 가장 유리한 시장을 선택(Targeting)한 뒤, 경쟁자와 차별화된 위치(Positioning)를 구축하는 전략으로, 누구에게 집중할 것인가와 그들에게 어떤 이미지로 인식될 것인가를 결정하는 과정이다. STP 전략은 총 세 단계로 나뉘는데, 하나씩 살펴보자.

첫 번째는 시장 세분화이다. 시장 세분화란 고객의 인구통계적 요인, 지리적 요인, 행동적 요인(욕구, 행동) 등에 따라 하나의 시장을 여러 개의 동질적인 집단으로 나누는 과정으로, 앞서 설명한 고객 세분화와 동일한 개념이다. 모든 고객을 동일하게 보지 않고 '비슷한 특성을 가진 사람들끼리' 묶는 것으로, 전략을 세우기 위한 출발점이다. 보통 다음의 세 가지 기준으로 시장을 나눈다.

- **인구통계적 요인** : 연령, 성별, 소득, 직업
- **지리적 요인** : 거주 지역, 상권, 생활권
- **행동적 요인** : 욕구(치료 목적), 충성도, 문제 인식 수준

이러한 요인들을 참고하여 치과 개원 시 시장을 분석해 보자. 간략한 설명을 위해 위의 요인들 중 연령, 욕구(핵심 진료/치료 목적), 행동의 세 가지를 가지고 시장을 나누어 보자.

연령	10대	20대	30대	40대	50대 이상
핵심 진료	심미	교정	임플란트	턱관절	사랑니	잇몸치료
고객 행동	일반 치료	전문 치료	예방 치료	이미지 개선	기능 회복

두 번째는 타기팅(Targeting)이다. 우리 병원이 특히 잘 해결할 수 있는 문제를 가진 고객, 즉 집중해야 할 '넘버원 고객'을 정하는 단계다. 예를 들어 턱관절 치료에 특화된 치과를 계획한다면, 턱관절 통증을 겪는 고객이 주요 표적이 된다. 위의 세분화 결과에 따르면, 턱관절 통증은 주로 20~30대 직장인에게 많았고, 이들은 여러 병원을 다녀봐도 해결되지 않아 전문적인 해결을 원하는 고객층이었다. 이들이 바로 첫 번째 집중해야 할 넘버원 고객이라 할 수 있다.

연령	10대	20대	30대	40대	50대 이상
핵심 진료	심미	교정	임플란트	턱관절	사랑니	잇몸치료
고객 행동	일반 치료	전문 치료	예방 치료	이미지 개선	기능 회복

세 번째 단계는 포지셔닝(Positioning)이다. 포지셔닝은 고객이 우리 병원을 어떤 이미지로 기억하길 바라는가를 결정하는 과정이다. 앞서 설정한 타깃 고객은 20~30대 직장인으로, 여러 병원을 다녔지만 해결되지 않은 턱관절 문제를 가진 사람들이다. 이들이 중요하게 생각하는 것은 비용보다 전문성과 정밀진단 그리고 원인과 해결책을 명확하게 설명해 주는 진료였다. 따라서 이 병원의 가격 포지션은 중·고가, 브랜딩 포지션은 일반 치과가 아닌 '턱관절 집중 구강내과 전문 치과'로 설정할 수 있다.

가격 포지션	저가	중저가	중가	중고가	고가
브랜드 포지션	친근한	세련된	전문적인	신뢰	프리미엄

　즉, 이 치과는 '저렴하게 가는 곳'이 아니라, '확실히 진단받고 문제를 해결하는 곳'으로 인식돼야 한다. 중·고가 수가는 단순히 비싼 진료비가 아니라 정확한 진단, 충분한 설명, 재발 방지, 의료진의 전문성에 대한 가치 가격을 뜻한다. 그리고 전문 치과 포지셔닝은 모든 진료를 다 잘하는 병원이 아니라, 턱관절 진료만큼은 이 병원이 기준이 되는 곳으로 자리 잡게 하는 전략이다. 결국 고객의 머릿속에 '턱이 아프면 이곳'이라는 단순하고 강력한 연결고리를 심는 것이 포지셔닝의 핵심이다.

　정리하면, 이 사례의 치과 포지셔닝은 다음의 포지셔닝 맵과 문장으로 표현할 수 있다.

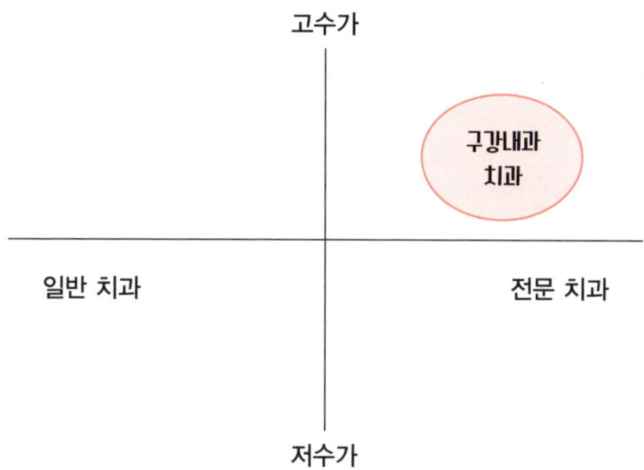

여러 병원을 다녀도 해결되지 않던 턱관절 문제를, 정확한 진단과
전문 치료로 해결해 주는 중·고가 구강내과 전문치과

　많은 병원이 개원 초기에 저지르는 실수는, 광범위한 브랜딩과 광고에 자원을 분산하는 것이다. 하지만 넘버원 고객에게 집중해야 한다. 초기 2~3년 동안은 넘버원 고객을 명확히 정의하고 반복 유입이 일어나는지 주기적으로 확인하면서 넘버원 고객 점유율을 높이는 데 집중하는 전략을 추천한다. 넘버원 고객을 정의하지 않으면, 그 누구도 당신의 병원을 선택하지 않는다. 모든 고객이 아닌, 딱 하나의 핵심 고객을 제대로 만족시켜 보자. 그 시작이 바로 STP 전략 그리고 넘버원 고객을 향한 뾰족한 브랜딩이다.

07

'넘버원'에서
'넘버투'로의 고객 확장 전략

속쓰림 증상을 겪는 이들에게 가장 손꼽히는 약은 겔포스이다. 1983년부터 시작한 겔포스 광고는 '위장병엔 겔포스'와 같은 직접적인 메시지로 핵심이 잘 드러났고, 겔포스는 아직까지도 제산제 부문의 부동의 1위를 차지하고 있다. 그 긴 세월, 어떻게 업계 선두의 자리를 빼앗기지 않을 수 있었을까.

겔포스를 만드는 보령제약은 과거 50대 이상 연령대의 소비자를 주 대상으로 광고해 왔는데, 2015년 9월부터 쉐프 샘킴, 만화가 김풍을 모델로 기용해 20~30대를 공략하기 시작했다. 주 구매층 확대를 통한 지속적인 수요층 확보 및 판매량 증대를 위해 전략적으로 30대를 넘버투 고객으로 설정하였고, 그들이 공감할 수 있는 모델을 발탁한 것이다. 넘버투 고객이란 앞서 설명한 것처럼, 현재 주력 고객은 아니지만 기업의 보유 역량으로 충분히 대응해 확보 가능한 가망 고객을 말한다.

넘버원 고객이 증가하게 되고 수익 구조가 형성되면, 그다음으로는 넘버투 고객을 끊임없이 발굴하고, 이들이 공감할 수 있도록 시각적 요소와 고객 경험을 재설계한다. 이것이 겔포스가 수십 년간 부동의 1위를 유지할 수 있는 이유이다.

고객군을 확대해 나간 겔포스 광고 사례

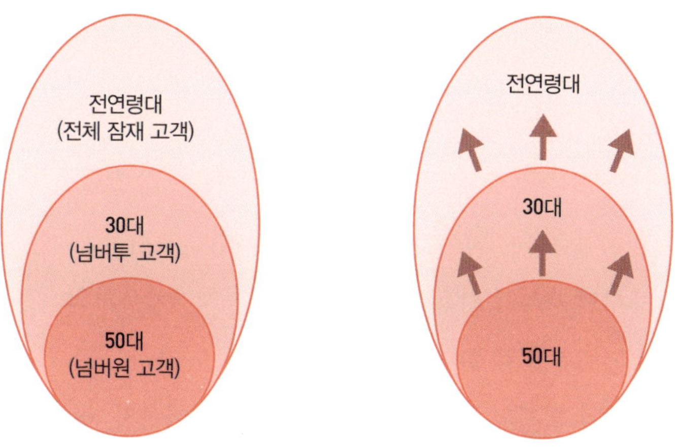

넘버원 고객에만 의지한다면 병원의 성장이 한계에 부딪힐 수 있다. 지속적으로 시장을 재분석하고 새로운 고객층을 발굴하여 시장에서 점점 더 넓은 고객층을 확보해 나가야 한다. 마케팅을 더 강화하면 단기적으로 신환을 쉽게 늘릴 수 있다. 그런데 수익 구조의 안정성과 병원의 지속적인 성장을 고려한다면, 이미 내원한 넘버원 고

객으로부터 자연스럽게 넘버투 고객으로 확장해 나가는 전략이 더 효과적이다. 병원 개원 후 성장기(개원 3~5년)가 되었을 땐 넘버원 고객에서 넘버투 고객으로 확장하는 전략이 필요하다.

넘버투 고객은 기존 고객 중 유사한 니즈를 가진 군을 데이터로 추출하거나 의료진과 상담팀의 정성적 피드백 분석, 시장 트렌드 및 인구통계 변화 분석 등을 통해 발굴할 수 있다. 기존 고객군 외에 새로운 연령대, 성별, 직업군 등으로 고객 범위를 넓히고, 그에 맞는 진료와 서비스를 새롭게 개발하는 것이다. 내가 실제 컨설팅했던 치과의 고객 자료로 넘버원과 넘버투 고객을 선정하는 방법을 설명해 보겠다.

먼저 현재 치료를 받고 있는 고객의 수, 신규 고객 수와 1인당 평균 진료비(상거래에서 고객 1인당 평균 매입액; 객단가)를 함께 보자. 당시 치료받는 연령대는 20~30대가 가장 많은 것으로 나타났고, 신환 유입도 유사한 수치로 나타났다. 따라서 해당 치과에서는 20~30대 연령대가 넘버원 고객 집단이다.

다음으로 확장할 수 있는 넘버투 고객을 찾아보자. 현재 고객 중 '빈도는 낮지만, 만족도가 높거나 객단가가 높은' 그룹을 분석하는 것이다. 이 조건에 맞는 넘버투 고객은 40대 임플란트 고객이었다. 넘버투 고객 전략은 단기 매출보다 중장기 성장을 고려한 개념으로 접근해야 한다. 새로운 고객집단이 발굴되면 진료 프로그램을 개발하고 그에 맞는 서비스를 적용하면 지속적인 성장이 가능하다.

병원의 고객 화보 전략을 정리하자면, 첫 번째로 현재 넘버원 고객과 운영 중인 진료 프로그램을 계속해서 잘 진행하는 것이다. 두 번째는 잘 만들어진 진료 프로그램에 넘버투 고객을 연결하는 것으로, 자연스럽게 고객을 확장할 수 있다.

새로운 고객을 찾고 싶다면 기존 고객을 더 깊이 관찰하고, 그들의 문제를 더 넓게 바라보는 것부터 시작해야 한다. 단순히 진료를 제공하는 데 그치지 않고, 고객의 인생과 연결된 경험으로 확장될 때 비로소 병원은 성장의 선순환에 들어설 수 있게 된다.

08

병원의 얼굴과 마음을 보여주는 BI&CI 개발

병원 이름이 별다른 특색이 없거나, 직원마다 말투·복장·분위기가 다르다면 어떨까? 병원명이 흔하고 포스터마저 평범하다면 고객의 기억 속에서 금세 잊혀질 수밖에 없다. 반면, 어떤 병원은 스쳐 지나가기만 해도 어떤 특색이 있는지 감이 오고, 직원들이 사용하는 언어 톤과 응대 방식이 일관성 있게 느껴지며 네이밍, 로고, 인테리어까지도 전체적으로 브랜드 느낌이 난다. 즉, BI/CI가 잘 정리된 병원은 고객 마음속에 그 병원만의 느낌을 남긴다.

브랜드 아이덴티티(BI/CI) 개발은 병원의 '얼굴'을 만드는 과정이다. 이는 고객이 병원을 보고, 느끼고, 기억하는 모든 시각적·감성적 요소의 기반이 된다. 즉, 눈에 보이는 브랜드를 목표로 병원 전체가 하나의 분위기로 고객에게 전달되도록 만드는 것이다.

BI와 CI가 어려운 말처럼 들리지만, 사실 브랜드의 얼굴과 마음으로 나누어 생각하면 쉬워진다. BI(Brand Identity)는 쉽게 말하면 브랜드의 얼굴이다. 사람들이 병원을 보고 바로 떠올리는 겉모습으로, 병원 이름·로고·간판·색깔·직원들의 말투·인스타그램 분위기 등이다. 마치 누군가의 헤어 스타일과 옷을 보거나 목소리 톤을 듣고 "아, 저건 ○○○이구나!"라고 알 수 있는 것과 같다.

CI(Corporate Identity)는 브랜드의 마음이다. 병원이 어떤 생각을 하고, 어떤 방향으로 나아가려는지를 보여주는 것이다. 예를 들어 "우리는 고객을 가족처럼 대한다", "빠르고 정확한 진료가 우리의 철학이다" 등과 같은 비전·가치·철학이다. 친구로 비유하면 그 사람이 어떤 성격을 가졌는지, 어떤 가치관을 가지고 사는지에 해당된다.

병원 브랜딩을 할 때 BI와 CI를 함께 개발하는 게 좋다. BI와 CI가 잘 맞으면 겉으로 보이는 모습과 속에 담긴 철학이 같은 것이므로, 믿을 만하다는 신뢰를 얻게 된다.

병원 브랜드 아이덴티티(BI/CI) 개발 과정은 6단계 프로세스로 진행된다.

1단계. 병원 철학 및 넘버원 고객 분석

브랜딩의 출발점은 "우리는 어떤 병원인가?", "누구를 위한 병원인가?"를 정리하는 것이다. 예를 들어, 아이와 함께 오는 엄마가 타깃(넘버원 고객)이라면 '편안하고 따뜻한 병원'이 철학이 될 수 있고, 전문성과 신뢰를 강조하는 병원이라면 '정확하고 체계적인 진료'가 철학이 될 수 있다. 먼저 철학이 정리되어야 이후에 이름·로고·색상까지 흔들리지 않는다.

2단계. 네이밍

철학과 넘버원 고객이 정해졌다면, 이제 그 방향성을 '이름'에 담아내는 작업이 필요하다. 넘버원 고객이 여성·고령층·소아 고객이라면 고객의 불안감을 덜어주고, 정서적 안정감을 주는 네이밍이 좋다. 또한 30~50대 이상, 치료 효과에 민감한 고객이라면 의료 기술·학력·대형병원 출신 등을 강조해 신뢰감을 주는 네이밍이, 20~40대의 외모나 트렌드에 민감한 층이라면 도시적이고 세련된, 젊은 감성의 디자인을 전달하는 네이밍이 좋다.

[예시]

- 따뜻함 강조 → "맘편한○○과"
- 전문성 강조 → "서울에이스○○과"
- 감각적 이미지 강조 → "심플라인○○과"

3단계. 로고의 모양과 색상 설정

로고는 병원의 얼굴이다. 병원 이름과 잘 어울리면서 철학을 상징하는 로고 모양과 색상을 선택해야 한다. 병원 고유의 색깔과 글꼴을 정하는 단계다. 로고는 직관적이고 기억하기 쉬워야 하고 진료과 특성, 고개 감성, 공간 분위기와 어울려야 한다. 색상은 감정을 전달하므로 신중하게 선택한다. 글꼴은 시각적으로 브랜드 톤을 강화하는 요소이며, 가독성도 중요하다.

색상 예시	글꼴 예시
• 블루 : 신뢰와 전문성 • 그린 : 회복과 안정감 • 베이지 : 따뜻함과 친근감	• 고딕체 : 현대적이고 명료한 이미지(신뢰감) • 명조체 : 부드럽고 고전적인 인상(전문성) • 손글씨체 : 따뜻하고 인간적인 분위기(친근함)

4단계. 실제 디자인 제작

이제 눈에 보이는 결과물을 만든다. 로고, 간판, 명함, 리플릿, 안내판, 심지어 병원 내부 사인물까지 통일된 디자인으로 제작한다. 이를 통해 고객은 병원을 들어서는 순간부터 그 병원만의 분위기가 있다고 느낄 수 있다.

5단계. 응대 매뉴얼·언어 톤·콘텐츠 스타일 통일

브랜드는 디자인만으로 완성되지 않는다. 직원들의 말투, 안내 방식, 온라인 콘텐츠의 분위기까지 모두 일관되어야 한다. 예를 들어 병원이 '친근하고 쉽게 설명하는 병원'이라면 블로그 글을 따뜻한 어투로 작성해서 친근한 사진과 함께 올리고, 인스타그램에는 부드러운 색감과 톤의 이미지를 올려야 한다. 이렇게 고객이 어느 접점에서든 같은 톤을 느낄 수 있어야 한다.

6단계. 병원 전반에 적용

마지막 단계는 병원의 모든 곳에 BI/CI를 입히는 것이다. 간판, 인테리어, 직원 유니폼, 안내판, 홈페이지, SNS, 리플릿까지 모든 접점에서 하나의 병원답게 보이는 것이 중요하다. 고객이 "어디를 봐도 이 병원 느낌이 난다"고 한다면, BI/CI는 성공적으로 자리 잡은 것이다.

BI/CI는 단순히 멋진 로고와 예쁜 인테리어를 만드는 작업이 아니다. 병원의 철학을 고객이 눈으로 보고, 귀로 들으며, 몸으로 느낄 수 있게 만드는 시스템이다. 고객이 병원에 발을 들이기 전, 간판을 볼 때부터 진료를 마치고 나올 때까지 일관된 경험을 제공할 때 그 병원은 단순한 진료 공간을 넘어 믿을 수 있는 브랜드로 자리 잡는다. 브랜딩은 '겉과 속이 같은 병원'을 만드는 과정이며, 이것이 고객에게 오래 기억되고 다시 찾게 만드는 힘이 된다.

09

병원 철학을 담은 브랜드 첫 문장 설계법

오랫동안 기억에 남는 문장이 있다. 책 속 한 줄, 드라마 주인공의 대사 혹은 힘들었던 시기에 누군가 건넨 짧은 조언. 그 문장은 지금 내 상황과 꼭 맞아떨어졌거나, 마음을 움직일 만한 울림이 있었기 때문이다. 나 또한 스무 살 무렵, 친구의 말 한마디에서 삶의 방향을 찾곤 했다.

지금은 책 속 문장에서 길을 찾는다. 어떤 문장은 생각을 멈추게 하고, 어떤 문장은 나를 다시 움직이게 한다. 이처럼 마음에 남는 문장은 단순한 정보가 아니라, 삶을 바꾸는 방향성이다. 병원도 그렇다. 고객은 진료를 받기 전, 병원의 말투와 메시지를 먼저 기억한다. 병원의 철학이 담긴 한 문장이 누군가의 삶에 남는다면, 그것은 단순한 광고 문구를 넘어 브랜드의 인격이 된다.

고객의 마음에 남는 문장은 어떻게 만들어야 할까? 정답은 넘버원 고객의 니즈에 있다. 고객이 진짜 원하는 것이 무엇인지 정확히 이해하고, 우리 병원이 어떤 가치(Value)를 제공하며, 어떤 이득(Benefit)이 있고, 왜 신뢰할 수 있는지(Trust Point)를 고객의 언어로 표현할 수 있어야 한다. 이렇게 한 문장으로 압축해 전달하는 도구가 슬로건(Slogan)이다.

슬로건은 기업의 이미지를 강렬하게 만든다. 나이키의 'Just Do It'은 단순하지만 강력한 메시지로 행동을 촉구하고 용기를 북돋는 대표적인 슬로건이다. 코카콜라의 'Open Happiness'는 제품 소비를 감정적인 체험과 연결하여, 브랜드의 긍정적 이미지를 강화한다. 이 밖에도 잘 만들어진 많은 기업의 슬로건은 사람의 마음을 건드린다. 그리고 '이 기업은 뭔가 다르다'는 직감을 만든다. 슬로건은 고객에게 건네는 '첫 문장'이자, '마지막 인상'이다. 좋은 슬로건은 이렇게 말해야 한다.

"우리 병원은 당신에게 이득이 되는, 놓치면 아쉬운 제안을 하고 있어요."

이 메시지가 고객의 마음에 남게 만드는 것, 바로 이것이 슬로건의 본질적인 역할이다. 《핑크펭귄》에서도 말한다.

"고객이 원하는 최상의 이득을 찾아내고, 그 가치를 명확히 표현하라."

병원이 줄 수 있는 최상위 이득은 무엇인가? 많은 병원이 질병 치료를 최고의 가치라고 생각한다. 하지만 실제로 고객이 바라는 최상의 이득은 '건강한 일상을 지속하는 것'이다. 이 인식을 전환하면, 진료 설계가 달라지고 설명 방식이 바뀌고 고객 경험도 완전히 달라진다. 결국, 고객이 진짜 원하는 결과를 중심에 두는 병원이 성장한다. 슬로건이 고객의 마음에 닿는 순간, 이 병원은 뭔가 다르다는 직감이 생긴다. 그것이 브랜드의 첫인상이자 마지막 인상이 되는 이유이다. 좋은 슬로건은 단순한 구조를 취하며 고객의 마음을 정확히 짚어준다. 그래서 그 힘은 강력하다. 고객이 어떤 문제를 겪고 있는지, 병원이 어떤 철학과 태도로 그 문제에 접근하는지 그리고 병원이 줄 수 있는 최상의 이득이 무엇인지가 한 문장 안에 담겨야 한다. 이것이 바로 슬로건 공식이다.

슬로건 공식

고객의 문제 + 우리의 철학과 태도 + 고객의 최상의 이득

[예시] 고혈압 환자를 진료하는 내과 병원

- **고객의 문제** : "조절되지 않는 혈압 때문에 하루하루 불안하다."
- **병원의 철학** : "우리는 수치보다 사람을 먼저 본다."
- **고객의 이득** : "불안한 하루 대신, 건강한 일상을 지킬 수 있다."

이 공식에 맞춰서 '조절되지 않는 혈압으로 불안한 하루, 우리는 수치보다 당신의 일상을 먼저 지킵니다'라는 슬로건을 만들 수 있다.

여기에는 고객의 문제, 병원의 마음 그리고 고객이 얻을 변화를 모두 담고 있다. 슬로건은 전화 응대 멘트에도 적용해 볼 수 있다.

"저희는 혈압 수치보다 고객님의 하루를 먼저 생각합니다. 어떤 점이 불편하신지 말씀해 주세요."

상담할 때도 적용해 보자.

"혈압을 관리하는 것도 중요하지만, 결국은 매일 안심하고 지내실 수 있도록 돕는 것이 저희 목표입니다."

이 말을 반복해서 들은 고객은 '말과 행동이 일치'하는 병원이라고 인식할 것이다. 슬로건은 전화 응대, 상담 스크립트, 치료 전 설명까지 모든 고객 접점에서 일관되게 사용될 때 힘을 발휘한다.

좋은 진료는 마음을 돌보는 말에서 시작된다. 고객의 마음에 닿는 첫 문장은, 병원의 철학이 스며든 브랜드의 출발점이다. 진료실에서 나누는 대화처럼, 슬로건도 진심 어린 한 문장이면 충분하다. 그리고 그 문장이 고객의 마음에 닿는 순간 병원은 신뢰의 대상이 된다.

Memo

2

고객이 밀려온다!
신환 두 배 유입 설계

첫인사말에서 신뢰를 주고, 질문으로 니즈를 정확히 파악하며, 맞춤 해결책을 제시해 안심을 심어주고, 선택지를 좁혀 예약으로 연결한 뒤, 안내와 리마인드로 약속을 지키게 만든다면 예약 전환율은 자연스럽게 상승한다. 이 관문을 제대로 열어낸 병원만이 고객에게 오래 기억되는 브랜드로 자리 잡을 수 있다.

01

치열한 온라인 시장에서 선택받으려면

대한민국 병원 수는 얼마나 많을까? 건강보험심사평가원에 따르면 2022년 기준으로 내과 약 15,000개소, 소아청소년과 약 5,000개소, 이비인후과 3,400개소, 치과의원 약 18,000개소라고 한다. 치과의 경우 내과보다 많은데, 인구 10만 명당 약 35개소라고 한다. OECD 평균 5.3개보다 여섯 배가 높은 수치이다.

고객은 이렇게 많은 병원들 중에서 어디를 가야 할지 고민에 빠질 수밖에 없다. 그래서 리서치를 하게 된다. 질환별로 검색도 해보고, 가까운 동네 병원도 검색해 본다. 차별점이 확실하다면 멀어도 방문해 보고 결정할 것이고, 차별점이 없다면 그냥 가까운 병원을 선택할 것이다. 따라서 멀어도 고객이 스스로 찾아오게 하는 브랜드 포인트가 필요하다.

고객은 단순히 가깝다는 이유로 병원을 선택하지 않는다. 고객은 단계별로 판단하고 감정을 움직이며 선택의 여정을 만들어간다. 이 과정을 이해하지 못한다면, 아무리 뛰어난 진료를 제공하더라도 우리 병원이 고객의 선택지에 오르지 못할 수 있다. 예약이라는 방문 결정 단계까지 고객을 이끌기 위해서는 그들의 행동 흐름을 정확히 이해하고, 각 단계에서 어떤 메시지를 어떻게 전달할지 설계해야 한다.

특히 고객의 병원 선택은 이제 대부분 디지털 접점에서 시작된다. 그 흐름을 AIDA 모델로 표현할 수 있다. AIDA 모델은 1898년 광고계의 선두주자인 엘모 루이스가 처음 제시한 것으로, 소비자가 브랜드를 인지한 순간부터 구매 행동에 이르기까지의 인식·관심·욕구·행동의 네 단계 심리 여정을 말한다. 이 책에서는 병원 마케팅에 맞게, 마지막 '행동(Action)' 단계를 '예약'으로 표현하였다.

1단계. 인지(Awareness)

"이 병원은 어떤 곳일까?"란 고객의 질문에 병원이 존재감을 드러내는 것이다. 현재 아프거나 불편하거나 걱정되는 지점이 발생하면, 고객은 당연히 '해결자'를 찾기 시작한다. 따라서 이 단계에서 중요한 것은 고객이 정보를 탐색할 때 우리 병원이 잘 노출되는 것이다.

2단계. 관심(Interest)

고객이 자신에게 맞는 병원이라고 관심을 가질 수 있도록 유도하는 것이다. 고객은 정보를 탐색한 여러 병원 중 몇 개가 눈에 들어오면, 그중 더 끌리는 곳을 골라 더 탐색한다. 고객의 눈에 띈 병원 정보의 첫 문장은 고객의 문제를 정확히 이해한 것처럼 보여야 하고, 진정성이 느껴져야 한다. 고객은 의료정보보다 자신의 감정을 대변해 주는 메시지에 반응한다. 따라서 고객이 공감을 느낄 수 있는 콘텐츠가 중요하다.

3단계. 고려(Desire)

다른 병원 대비 무엇이 더 좋은지를 논리적으로 보여준다. 고객은 마음에 드는 한 곳을 발견했다고 곧바로 그곳에만 마음을 주지 않고 후보군 병원들을 비교한다. 위치는 얼마나 가까운가, 주차는 쉬운가, 비용은 합리적인가, 예약은 편한가, 리뷰나 평점은 어떤가 등의 기준으로 말이다. 그래서 이 단계에서는 병원이 신뢰감을 줄 만한 정보를 구체적이고 논리적으로 전달해야 한다. 전문의 여부, 수술 건수, 진료 사례, 고객 리뷰 그리고 홈페이지의 정보 구성까지 모든 것이 신뢰를 형성한다. 고려 단계에서는 감성보다는 '논리적 설득력'과 '구조화된 정보'가 필요하다.

4단계. 예약(Action)

고민이 끝나면 고객은 방문 예약 결정을 내리고 행동으로 옮긴다. 전화 문의, 카카오톡 상담 등으로 최종적인 방문 예약을 하는 것이다. 예약 단계에서 중요한 것은 접근성과 편의성 그리고 첫 응대의 인상이다. 즉. 예약까지의 흐름은 진입 장벽이 느껴지지 않게 설계되어야 한다.

AIDA 모델

- **1단계. 인지(Awareness)** : "이런 병원이 있었네?"

  고객의 시야에 우리 병원이 보이게 만든다.

- **2단계. 관심(Interest)** : "나한테 맞을 것 같아."

  우리 병원에 대한 공감을 유도한다.

- **3단계. 고려(Desire)** : "이 병원이 더 낫네."

  다른 병원보다 우월한 점을 논리적으로 비교할 수 있도록 돕는다.

- **4단계. 예약(Action)** : "지금 바로 예약하자."

  '예약'이라는 실질적인 행동으로 전환시킨다.

고객 유입 전략은 일회성 홍보가 아니라, 넘버원 고객의 마음을 움직이는 계획된 시나리오여야 한다. 인지·관심·고려·예약의 흐름 속에서 맞춤형 콘텐츠와 응대 전략을 배치하면, 잠재 고객은 자연스럽게 예약으로 이동하게 된다. 이제부터 각 단계별로 고객을 끌어당길 수 있는 구체적인 방법을 알아보자.

[1단계] 인지 :
"이런 병원이 있었네?"

불황이 닥치면 많은 병원들이 가장 먼저 비용 절감을 떠올린다. 광고 예산을 줄이고, 신규 프로그램을 미루며, 브랜드의 일관성보다는 당장의 매출을 우선한다. 겉으로는 현명해 보일 수 있지만, 장기적으로는 병원의 경쟁력을 약화시키는 위험한 선택이다. 왜일까? 불황 속에서도 고객은 여전히 치료를 받아야 하고, 병원 선택 기준은 가격이 아닌 신뢰와 가치이기 때문이다. 그래서 불황일수록 병원의 강점을 강화하는 브랜딩 전략이 병원의 생존과 성장을 좌우한다.

고객은 몸이 불편해지는 순간, 가장 먼저 스마트폰을 펼친다. 턱이 아픈데 어느 병원으로 가야 할까, 임플란트 잘하는 치과는 어딜까, 생각하는 이들의 눈앞에 우리 병원이 보이지 않는다면, 아무리 진료를 잘하고 시설이 좋아도 소용이 없다. 온라인에서 병원이 보인다는 것은 단순히 화면에 뜬다는 의미가 아니다. 고객의 검색 의도에 꼭 맞는 선택지라는 의미를 전달하는 것, 다시 말해 고객 선택 동선에 올라타는 것을 의미한다. 이것이 바로 진짜 보이는 병원이다.

그렇다면 어떻게 노출시켜야 고객의 선택을 받게 되는 걸까. 병원 콘텐츠를 전략적으로 노출시키는 핵심은 고객의 온라인 여정에 맞춘 전략적 콘텐츠 기획과 노출 그리고 옴니채널 관리이다.

전략적인 콘텐츠 기획과 노출 노하우

콘텐츠 기획은 병원이 알리고 싶은 것이 아니라 고객이 검색하는 순간을 예측해 그에 맞는 콘텐츠를 제공하는 것을 목표해야 한다. 네이버 데이터랩과 구글 트렌드를 활용해 충치 통증 원인, 임플란트 비용, 턱관절 치료 병원 등과 같이 효과적인 키워드를 발굴하고, 각 키워드를 주제로 삼아 증상부터 회복의 흐름까지 FAQ형 콘텐츠로 구조화하도록 한다.

고객 여정에 걸맞는 콘텐츠 구조

증상 → 원인 → 진단 → 치료 → 회복

또한 실제 내원 고객의 기록을 분석해 "교정 후 관리 어떻게 하나요?", "임플란트 후 통증은 얼마나 가나요?"와 같은 질문을 그대로 콘텐츠 주제로 사용하면 검색 상위 노출과 고객의 신뢰 형성이 동시에 이뤄진다. 여기에 AI 도구로 트렌드와 계절성 질환을 모니터링하여 시의성 있는 콘텐츠를 지속적으로 공급하면 고객의 신뢰와 호감이 더욱 상승할 수 있다.

잘 되는 병원 콘텐츠는 공통점이 있다. '우리 병원은 잘합니다'보다 '이런 고민이 될 때 이렇게 하세요'라고 말해주고, '장비가 최신입니다'보다는 '이 장비를 쓰면 고객에게 이런 변화가 생깁니다'처럼 병원 콘텐츠를 보이지 않는 상담실로 만든다는 것. 고객은 병원에 방문하기 전에 이미 온라인에서 1차 상담을 하고 싶어 한다는 사실을 잊지 말아야 한다.

여러 플랫폼을 활용해 콘텐츠를 동시에, 자주 노출시키는 것도 중요하다. 고객은 하루 수백 개의 정보에 노출되며, 뇌는 반복해서 보는 걸 중요하다고 착각한다. 블로그에서 한 번, 인스타그램에서 한 번, 네이버 플레이스에서 한 번, 유튜브 쇼츠에서 한 번, 이렇게 여기저기에서 같은 병원을 반복해서 보면 고객의 머릿속에는 "이 동네는 다 이 병원 이야기인 거 보니까 여기가 제일 유명한가 보다"라는 인식이 생긴다. 이때 만들어지는 것이 바로 선택의 안전지대다. 사람은 가장 안전해 보이는 선택을 하고 싶어 하는 욕망이 있다. 그래서 여러 플랫폼을 활용해 콘텐츠를 자주 노출시키는 것이 중요하다. 모든 고객들이 모든 채널을 경험하는 것은 아니지만 이렇게 다층 노출이 반복될수록 선택 확률은 급격히 올라간다.

또한 고객은 지역 중심 검색으로 병원을 찾기 시작하는 경우가 많으므로, 지역 키워드 중심 전략이 특히 효과적이다. 그 출발점이 바로 네이버 플레이스다. 네이버 플레이스는 단순한 지도 서비스가 아니라, 고객에게 다음 질문에 대한 즉각적인 답을 주는 공간이다.

- 여기는 어떤 병원인가?
- 사람들이 실제로 많이 가는 곳인가?
- 믿을 수 있는 병원인가?

고객들은 플레이스에 체류한 지 평균 10~30초 안에 방문 여부를 결정한다. 이 짧은 시간 안에 신뢰를 주지 못하면, 고객은 바로 다음 병원으로 이동한다. 즉, 네이버 플레이스는 신뢰를 설명하는 공간이 아니라, 증명하는 공간이다.

그렇다면 고객들은 병원을 고를 때, 우선순위 판단 기준은 무엇일까? 최근 연구 결과를 보면 고객은 의사 경험, 즉 진료의 전문성(경력 포함)을 병원 선택의 최우선 기준으로 꼽았으며, 방문자 리뷰(이용 후기)는 이를 증명하는 역할을 한다. 고객들은 진료 전문성을 먼저 확인한 다음 의사가 얼마나 친절한지를 알고 싶어 한다. 따라서 네이버 플레이스 운영에서 중요한 점은 진료의 전문성을 보여줄 수 있는 기본 정보 최적화다.

병원명, 진료과목, 위치, 전문 진료 문구를 넣은 사진, 진료 시간, 휴진일 안내, 전화 버튼 및 예약 버튼 활성화는 반드시 갖춰야 할 항목이다. 이러한 기본 정보는 단순한 안내가 아니라, 네이버 검색 알고리즘이 병원의 신뢰도를 판단하는 기준 데이터가 된다.

방문자 리뷰는 단순한 평가가 아니라 진료의 전문성과 친절을 검증해 주는 객관적 증거가 되므로, 기존 고객들이 방문자 리뷰를 작성할 수 있도록 유도해야 한다. 리뷰에 병원의 전문성과 친절한 응대 기록이 쌓일수록, 플레이스는 단순 정보 창이 아니라 신뢰의 저장 공간이 된다.

브랜드의 일관성을 보여주는 옴니채널 관리

2024년 어느 설문조사에 따르면, 소비자의 69%가 온라인에서 검색 후 오프라인에서 경험하는 방식을 선호한다고 답했다. 이제 고객은 온라인과 오프라인을 따로 보지 않고, 모든 플랫폼을 하나의 끊김 없는 흐름으로 인식한다. 기업들이 온·오프라인 통합 경험 설계에 집중하는 이유이며, 병원 역시 고객의 전체 경험 흐름을 설계해야 하는 이유다.

그러기 위해서는 옴니채널 관리가 필수다. 옴니채널이란 온라인, 오프라인, 모바일 등 모든 경로에서 고객이 '하나의 연결된 경험'을 하도록 설계된, 통합형 고객 경험 전략이다. 여러 채널이 끊어지지 않고 하나처럼 이어져 고객이 일관된 경험을 하게 하는 것이 핵심이다. 홈페이지, 블로그, 유튜브, 카카오톡, 전화, 상담까지 문장/말투와 이미지가 통일되어야 하고, 응대 속도와 대응 매뉴얼이 일관되어야 한다.

허리 통증으로 불편했던 직장인 A씨는 온라인에서 '허리 통증 병원 추천'을 검색하다가 블로그 리뷰와 인스타 릴스를 보고 지역 내에 있는 한 정형외과에 관심을 가졌다. 홈페이지에서 병원 소개, 진료 항목, 의사 프로필, 검사 과정, 비용까지 꼼꼼히 확인한 뒤 카카오톡 예약 버튼을 눌렀다. 자동응답으로 진료 항목과 시간을 선택하니 예약이 완료되었고, 곧바로 사전 문진 링크와 내원 안내 메시지가 도착했다.

예약일이 되어 병원을 방문하니, 접수대 직원이 "카카오로 예약하신 ○○○님 맞으시죠?"라며 반갑게 확인했다. 대기실에는 허리 치료 과정을 보여주는 영상이 나와 불안을 덜 수 있었다. 진료실에서는 사전 문진을 기반으로 상담이 이어졌고, 진료 후에는 다음 예약 안내를 받았다.

다음 날 카카오톡으로 치료 정리와 리콜 날짜 안내가 도착했고, 만족도 조사 링크도 함께 전송되었다. 며칠 뒤에는 허리 통증 완화 운동법 블로그/유튜브 콘텐츠가 카톡 혹은 문자로 발송되어 자연스럽게 병원을 다시 떠올리게 되었다. 2주 후 리마인드 알림톡이 도착하자, 메시지에서 시간만 선택해 간편하게 재예약을 완료했다. 홈페이지, 카카오톡, 병원 방문 시 응대 등 모든 접점에서 고객은 전문성과 친절을 일관되게 경험했다. 바로 이것이 바람직한 옴니채널 관리이다.

광고에서 본 이미지, 홈페이지 슬로건, 전화 응대 톤, 진료실 분위기 등 모든 것이 하나의 메시지와 감정으로 이어져야 한다. 고객은 병원이 설계한 전체 접점 중 작은 하나와 만나는 것뿐이지만, 끊김 없는 흐름을 만드는 것이 중요하다. 그래야 신뢰감을 줄 수 있다. 실제로 80%의 고객은 가격보다 신뢰와 감정 경험으로 병원을 선택한다. 병원은 정보만 제공하려 하지 말고 만족스러운 고객 경험을 설계해야 한다. 고객이 어느 채널에서든 같은 가치를 느끼고, 일관된 감정을 경험할 때 그 병원은 비로소 고객의 기억 속에 신뢰의 브랜드로 남는다.

병원 고객은 이제 광고를 보고 예약하지 않는다. 블로그에서 정보를 탐색하고, 네이버 플레이스에서 리뷰를 확인하고, 괜찮으면 홈페이지에서 정보를 탐색한 뒤, 카카오톡이나 네이버로 예약한다. 진료 후에는 알림톡 안내와 콘텐츠를 통해 다시 병원을 경험한다. 고객은 온라인과 오프라인을 끊임없이 오가며 병원을 인지하고, 탐색하고, 신뢰하고, 재방문한다. 따라서 병원은 모든 접점을 하나의 흐름으로 연결해야 한다.

온라인에서 잘 보이는 병원이 되기 위해 가장 중요한 것은 디자인이 아니라, 고객이 우리 병원을 봐야 하는 이유를 만들어 주는 것이다. 그 이유가 분명할 때, 병원은 비로소 후보 병원 목록에 오른다. 고객이 병원을 찾는 바로 그 순간 가장 먼저, 가장 신뢰가 느껴지도록 설계하는 것, 그것이 바로 콘텐츠 기획과 노출의 핵심이다.

03

[2단계] 관심 :
"나에게 맞을 것 같아."

관심 단계에서 고객은 이미 몇 개의 병원을 눈여겨본 상태다. 이제는 단순한 정보가 아니라 이 병원이 자신에게 맞는 곳인가를 확인하려 한다. 그래서 병원의 말하기 방식이 중요하다. 고객의 일상 언어로 증상을 묘사하고, "혹시 이런 이유로 병원을 미루고 계신가요?"처럼 마음속 망설임을 대신 말해주는 문장이 필요하다.

이때 핵심은 전문 용어가 아니라 공감이다. 고객 리뷰, "이런 상황의 분들을 주로 진료합니다"와 같은 메시지는 고객이 화면을 보다가 문득 멈추게 만든다. "이거 내 얘기인데?"라는 느낌이 드는 순간, 고객과 병원 사이에 첫 번째 다리가 놓인다. 고객이 지금 겪고 있는 상황을 먼저 언급함으로써 공감을 불러일으켜야 관심을 끌 수 있다.

'문제 해결'이라는 간절한 바람에 응답하기

몇 년 전, 기침과 가래가 1주일 넘게 이어져 가까운 이비인후과를 찾게 되었다. 간단한 검사 후 의사는 기관지염으로 진단했고, 약을 처방해 주었다. 금방 나아질 거라는 기대감으로 성실히 약을 2주간 복용했지만, 3주차가 되자 오히려 밤에 잠을 못 이룰 정도로 기침이 심해졌다. 다시 병원을 찾아 고통을 호소했는데, 새로 받은 약 역시 별다른 효과가 없었다.

그러던 중, 아이가 감기에 걸려 소아청소년과를 방문하게 되었다. 진료 중, 청진기를 든 의사는 문득 내 숨소리를 들어봐도 되겠냐고 물었다. 갑작스러운 제안에 당황했지만, 결국 그 의사에게 몸을 맡기게 되었다. 접수조차 하지 않은 나에게 의사는 큰 병원에서 진료를 받아보라고 조언했고, 직접 진료의뢰서를 써주었다. 덕분에 대학병원에서 빠르게 진료를 받아서 알레르기성 천식이라는 진단을 받게 되었다.

그 후로 나는 내 증상을 좀 더 자세히 설명하는 습관을 갖게 되었고, 검사를 철저히 하고 진단에 집중하는 병원을 찾게 되었다. 이 경험을 통해, 병원을 찾는 고객은 자신의 문제가 해결되는 걸 가장 간절하게 바란다는 사실을 깨닫게 되었다.

그런데 병원이 고객의 마음을 읽는 게 생각만큼 쉽지는 않다. 왜냐하면 사람마다 자신이 겪는 증상과 불편함을 인식하는 기준이 다르기 때문이다. 어떤 사람은 하루 이틀 기침만 해도 병원을 찾지만, 또 다른 사람은 몇 주가 지나도 "괜찮겠지"라며 참는다. 어떤 사람은 증상이 심하지 않아도 불안한 감정 때문에 병원을 찾는다. 이처럼 고객이 병원을 찾는 타이밍은, 통증의 강도보다 개인 감정의 민감도와 정보 접근성에 따라 결정된다. 즉, 어떤 사람은 증상이 있어도 "별거 아니겠지"라고 넘기고, 어떤 사람은 지인의 한 마디, 인터넷 글 하나를 보고 바로 병원을 찾는다.

병원은 이러한 '문제 인식의 개인차'를 이해하고, 타깃을 좁혀 개인화된 커뮤니케이션 전략을 설계해야 한다. 고객이 선택하는 병원들은 '우리는 누구의, 어떤 문제를 해결해 주는 병원입니다'라는 명확한 한 줄 답이 있다.

예를 들어 '호흡기 질환 진료 전문', '기침과 가래로 고생 중이라면, ○○병원이 답입니다' 등의 문구를 보는 순간, 고객은 '아, 이 병원이라면 나 같은 사람도 도움을 받을 수 있겠구나'라고 느낄 것이다. 병원의 메시지에 '이건 내 얘기다'라는 인식이 들면, 브랜드는 선택받을 준비가 끝난 것이다.

병원은 단순한 치료의 공간을 넘어, 고객의 문제를 함께 해결하는 파트너여야 한다. 병원이 얼마나 진료를 잘하느냐도 중요하지만, 고객이 먼저 살피는 아주 사소한 문장 하나, 이미지 하나, 설명 한 줄에서 병원의 첫인상이 좌우된다. 이 모든 것이 모여 잠재 고객들에게 '이 병원, 나한테 필요할 것 같아'라는 결정을 하게 한다.

불안을 덜고 확실히 인지되려면

사람은 결정을 앞두면 늘 불안하다. 특히 건강, 외모, 돈이 걸린 문제라면 더 민감해진다. 이때 타인의 경험은 단순한 정보가 아니라, 불안을 줄여주는 안전장치가 된다. 검색을 하거나 광고를 클릭하거나, 지인의 추천을 받았을 때 고객이 가장 먼저 확인하는 것은 바로 다녀간 사람들의 이야기다.

내가 과거에 회사에서 제품을 개발할 때, 제품 출시만큼 중요한 게 바로 마케팅 기획이었다. 내가 만들고 싶은 제품이 아니라, '팔릴 수 있는 제품'을 만드는 게 핵심이다. 어렵게 출시한 제품이 시장에서 살아남으려면 가장 먼저 해야 할 일이 있다. 바로 리뷰를 확보하는 프로모션 기획이다. 아무리 좋은 제품이라도 리뷰가 없으면 구매로 이어지기 어렵다. 누적 방문 3,200건/ 리뷰 1,200건 이상, 이렇게 누적 방문 수와 리뷰 수를 메시지로 시각화하면 강력한 후킹 전략으로 탄생한다. 병원도 그러하다.

고객이 처음 병원 정보를 접했을 때 가장 먼저 보는 건 리뷰 수다. 리뷰 수는 이곳에 실제로 다녀간 사람이 얼마나 되는가를 보여주는 증거다. 리뷰가 적으면 고객은 혹시 새로 생긴 곳인지, 경험이 부족한 건 아닌지 생각한다. 5개의 좋은 리뷰보다 500개의 보통 리뷰가 훨씬 더 강력하다. 사람들은 '평균의 법칙'을 믿는다. 어느 정도 사람이 다녀갔다면, 크게 문제는 없을 거라고 생각한다.

여러 병원을 동시에 검색할 때, 리뷰 수는 첫인상에서 우선순위를 결정하는 기준이 된다. 같은 조건이라면 리뷰가 많은 곳을 먼저 열어볼 것이다. 인지 단계에서 긍정 리뷰는 고객의 마음을 붙잡아둔다. 많은 사람들이 다녀갔고, 괜찮았다면 나 역시 가도 되겠다고 생각한다. 하지만 단순히 "좋아요, 만족했어요" 같은 짧은 칭찬만으로는 부족하다. 고객에게 인지되는 좋은 리뷰는 상황, 과정, 결과가 담겨야 한다.

고객에게 인지되는 좋은 리뷰 포인트

- **상황** : 어떤 이유로 방문했는가.
- **과정** : 치료·상담·서비스에서 어떤 경험을 했는가.
- **결과** : 치료 후 어떻게 달라졌는가.

예를 들어 치과 치료를 무서워하는 아이 엄마가 남긴 리뷰가 있다.

"아이 충치 때문에 너무 걱정돼서 방문했어요(상황). 처음엔 아이가 치과를 무서워했는데, 원장님과 스태프분들이 계속 말을 걸어주셔서 긴장을 풀 수 있었습니다(과정). 치료 과정도 차근차근 설명해 주셔서 안심이 됐고, 치료 후 집에서 관리하는 방법까지 알려주셔서 정말 도움이 됐습니다(결과)."

이러한 리뷰가 좋은 이유는 명확하다. 아이의 상황(충치, 불안)이 구체적으로 담겨 있어 다른 부모가 쉽게 공감할 수 있고, 치료 과정에서 전문성과 배려가 드러나며, 사후 관리까지 안내해 신뢰감을 높였기 때문이다. 무엇보다 글 속 감정이 따뜻하게 전해지면서 읽는 사람도 안심할 수 있다. 좋은 긍정 리뷰는 단순한 칭찬이 아니라, 병원을 선택한 이유와 만족한 결과를 다른 사람도 공감할 수 있게 전달하는 이야기다.

나는 예전엔 백화점 쇼핑을 즐겼지만, 요즘엔 온라인 쇼핑이 훨씬 편하다. 바쁘기도 하고, 다리가 아프기도 하고, 솔직히 말하면 클릭 몇 번이면 집 앞까지 배달되는 편리함을 따라갈 게 없다. 쇼핑할 때는 다른 사람들처럼 리뷰 수부터 확인하고, 긍정 리뷰는 꼼꼼히 챙겨본다.

그런데 참 신기한 게 있다. 긍정 리뷰가 수십 개나 있어도, 단 하나의 부정 리뷰가 머릿속을 쏙 파고든다는 사실이다. 부정 리뷰를 읽다 보면 어느 순간, 그 내용이 내가 중요하게 생각하는 결정적 요인처럼 느껴진다. '혹시 나도 저런 일을 겪는 건 아닐까'라는 불안이 생기면 고객은 다시 검색창으로 돌아간다.

관심 단계에서 고객의 마음은 유리처럼 얇다. 작은 균열 하나가 전체 신뢰를 깨뜨린다. 따라서 병원이 해야 할 일은 단순히 긍정 리뷰를 모으는 게 아니다. 부정 리뷰에 신속하고 진정성 있게 대응하고, 고객의 불안이 쌓이지 않도록 정직하게 소통하며, 문제가 생겨도 책임지고 해결하는 병원이라는 이미지를 심어야 한다. 이 모든 과정이 모여 고객이 첫 만남에서 안심할 수 있는 환경을 만든다.

리뷰는 단순한 기록이 아니라, 고객의 불안을 덜어주고 선택을 확신하게 만드는 심리적 안전장치다. 리뷰의 수는 병원의 신뢰를 증

명하고, 내용은 공감을 만들어내며, 부정 리뷰에 대한 대응은 책임
감을 보여준다. 이 세 가지가 함께할 때, 병원은 단순한 진료 공간을
넘어 '믿고 찾을 수 있는 곳'으로 자리매김하게 된다.

04

[3단계] 고려 :
"이 병원이 더 낫네."

병원 홈페이지를 열면 흔히 최신 장비 보유, 첨단 시스템 도입 등과 같은 문구를 볼 수 있다. 하지만 고객은 속으로 '그래서 그게 나한테 어떤 도움이 되는데?'라고 생각한다. 설득 메시지는 여기서 시작된다. 고객이 원하는 것은 기술 자체가 아니라, 그 기술이 만들어 주는 변화(혜택)이기 때문이다.

세계 1위 글로벌 기업들은 어떨까? 애플은 아이폰을 소개할 때 A17 프로세서 탑재, 120Hz OLED 디스플레이 같은 기술 사양을 앞세우지 않는다. 대신, '더 부드러운 화면으로 눈이 편안하다', '프로급 카메라로 누구나 작품 같은 사진을 찍을 수 있다'와 같이 고객이 직접 체감할 수 있는 경험으로 풀어낸다. 나이키 역시 신발의 가벼운 소재라는 특징을 강조하지 않는다. 대신 '당신의 한계를 뛰어넘게 해주는 에너지 리턴'이라는 혜택을 내세운다. 나이키를 신고 달릴 때 더 오래, 더 빠르게 달리는 경험을 얻을 수 있다는 것이다. 고객은 제품을 사는 것이 아니라, 자신의 변화를 산다.

고객 마음과 행동을 움직이기 위한 메시지 설계

그렇다면 고객에게 최상의 혜택을 보여주는 메시지는 어떻게 구성할까? 상황을 하나 가정해 보자. 저녁에 썸녀와 데이트를 앞둔 한 남성이 있다. 그는 편의점에서 맥주 한 병을 집어 들었다. 이 맥주를 어떻게 설명해야 고객이 더 사고 싶을까? 맥주의 특징은 단순하다. 사람을 기분 좋게 취하게 만든다는 것. 하지만 이렇게만 말하면 매력이 없다. 그냥 "술이구나" 하고 끝나버린다.

만약 이렇게 표현한다면 어떨까? '맥주가 금요일 밤을 특별한 순간으로 바꿔줍니다'라고 말이다. 여기에 구체적인 상황을 더하면 더욱 힘이 생긴다. '맥주 한 병은 오늘 밤, 그녀 앞에서 당신을 멋진 남자로 보이게 합니다'라는 문구와 함께한 맥주는 여느 맥주와 달리 고객의 머릿속에 전혀 다른 그림을 그려준다. 여기서 맥주는 단순한 음료가 아니라 분위기와 자신감을 만들어 주는 수단이 된다.

이처럼 특징이 혜택으로 바뀌는 순간, 평범한 상품은 곧바로 설득 메시지가 된다. 설득 메시지란 무엇인가? 설득 메시지는 단순히 정보를 전달하는 문장이 아니다. 상대의 마음과 행동을 움직이기 위해 설계된 메시지다. 사람은 제품 자체를 사지 않는다. 제품이 만들어 주는 경험을 산다. 사람들은 다이어트를 위해 PT를 등록하지만, 그 경험을 통해 자신감을 얻는다. 마찬가지로 고객은 병원 장비를 보러 오는 게 아니라 그 장비로 인해 더 정확하고 안전한 치료 경험을 사는 것이다. 고객의 질문은 언제나 "그래서 그게 나한테 무슨 도움이 되지?"이다.

많은 병원이 "우리 병원은 최신 CT 장비를 갖추고 있습니다"라고 말하는데, 이는 병원 입장에서의 특징 설명일 뿐이다. 고객은 최신 CT라는 장비 그 자체보다, 그것이 자신에게 주는 혜택에 관심이 있다. 따라서 메시지를 이렇게 바꿀 수 있다.

"최신 CT 장비로 통증 원인을 정확히 잡아내, 불필요한 치료를 줄여드립니다."

이 문장을 보는 순간 고객은 더 정확하고 안전하게 치료받을 수 있을 거라고 생각한다. 오래된 병원이나 규모 있는 병원들은 종종 "경력 20년 의료진이 있습니다"라고 말한다. 하지만 이것도 결국 특징이다. 고객은 의료진의 경력이 많다는 사실보다, 그로 인해 얻게 되는 혜택이 궁금하다.

"20년 경력 의료진이 수술을 집도해, 복잡하고 난이도 높은 수술도 안심하고 맡기실 수 있습니다."

이처럼 특징을 혜택으로 전환하는 순간, 문장은 고객의 마음을 움직이는 설득 메시지가 된다. 설득 메시지는 고객이 느끼는 불안과 욕구를 이해하고, 고객의 삶이 변화한 미래의 그림을 보여주는 언어다. 병원에서 최신 장비나 경력을 강조하는 이유는 고객에게 신뢰를 주고 싶어서다. 하지만 고객은 기계나 경력 자체에 감동하지 않는다. 그들이 진짜로 원하는 것은 더 정확한 진단, 더 안전한 치료, 더 빠른 회복이라는 혜택이다.

특징에서 혜택으로, 설명에서 공감으로 전환될 때 비로소 고객의 마음은 움직인다. 설득 메시지는 병원이 가진 자산을 고객이 체감하는 가치로 번역하는 과정이다. 이 과정에서 고객은 이 병원이 나를 이해하고 있다는 신뢰를 느끼고, 자연스럽게 선택하게 된다.

경쟁 병원과의 차이를 확실하게 보여주는 방법

차이를 가장 직관적으로 보여주는 방법이 바로 숫자, 데이터 그리고 비교 기법이다. 숫자는 메시지를 구체적이고 즉각적으로 만든다. 예를 들어 '빠른 치료를 제공합니다'는 추상적이지만, '치료 소요 시간, 평균 30% 단축됩니다'는 구체적으로 보인다. 후자의 문장을 듣는 순간, 고객의 머릿속에는 기다리는 시간이 줄어들어 만족스러운 자신의 모습이 떠오른다.

숫자는 고객이 자신이 얻을 혜택의 크기를 시각적으로 체감하게 만드는 언어다. 또 다른 예를 보자. '임플란트 수술이 안전합니다'는 일반적인 치과와 차이가 느껴지지 않는다. 하지만 '임플란트 시술 성공률 98%, 업계 평균보다 7% 높습니다'는 숫자로 인해 이득의 크기가 정확하게 보인다.

전문성을 표현할 때도 성과와 경험 데이터를 제시하면 설득력이 급상승한다. '무릎 관절경 수술 연 500건 이상', '척추 교정 95% 이상 호전 사례', '10년간 2만 명 치료 경험' 등등의 숫자들은 단순히 신뢰가 아니라, 안도감까지 전달한다. 고객은 그 병원에 방문했을 때 자신이 실패를 겪을 가능성이 낮다고 판단하게 된다.

데이터는 신뢰를 만든다. 사람들은 광고 문구를 들을 때마다 정말 그런지 궁금하다. 병원이 "저희는 고객 만족도가 높습니다"라고 말하면, 고객은 병원이 자화자찬하는 것이라고 여길 수 있다. 하지만 데이터가 들어가면 달라진다. "최근 설문 결과, 방문 고객 10명 중 9명이 상담이 친절했다고 응답했습니다"는 데이터가 제시됐기에 근거가 확실한 메시지가 된다. 데이터는 곧 근거이고, 신뢰를 만든다.

더 나아가 데이터는 비교와 결합될 때 파급력이 커진다. '우리 병원의 치료 후 재발률은 5% 미만입니다'보다 '국내 평균 재발률 12% 대비, 저희 병원은 5% 미만입니다'라고 했을 때, 고객은 즉시 타 병원과의 차이, 병원의 강점을 인식하고 선택하게 된다. 즉, 비교는 선택을 유도한다.

사람은 복잡한 정보를 싫어하고 혼자서 결정을 잘하지도 못한다. 하지만 두 가지를 나란히 보여주면 차이를 쉽게 인식하고 선택한다. '통증이 적습니다', '좋다, 빠르다, 안전하다' 등의 말로는 얼마나 좋은지 가늠하기 어렵다. 하지만 비교가 들어가면 즉시 이해된다. '기존 방식 대비 통증 50% 감소', '타 병원 평균 비용 100만 원 vs. 우리 병원 70만 원', '경력 많은 의료진 vs. 20년 경력 의료진' 등등 차이를 눈으로 확인하면 즉각적으로 납득하게 된다. 이처럼 숫자에 비교를 더하면 차이를 눈에 보이게 만드는 강력한 메시지가 된다. 고객은 단순히 '좋다'는 말보다 '얼마나 더 좋은가'를 보고 선택한다.

사람들은 차이를 통해 설득된다. 그리고 그 차이는 숫자와 데이터, 비교라는 언어로 가장 명확하게 드러난다. 따라서 앞으로 메시지를 만들 때 이렇게 스스로에게 물어야 한다. 고객에게 혜택을 제시하고, 숫자/데이터를 통해 혜택을 체감케 하며, 경쟁 병원과의 차이를 보여주고 있는지 말이다. 이 세 가지 질문에 답할 수 있을 때 메시지는 단순한 정보가 아니라, 고객의 마음을 붙잡는 강력한 후킹 메시지가 된다.

05

[4단계] 예약 :
"지금 바로 예약해야겠다."

고객이 병원 선택의 마지막 문턱에 섰을 때, 예약 과정이 복잡하거나 불편하다면 어떨까? 지금까지 온라인 채널에서의 전략적인 콘텐츠, 친절한 상담이 모두 무의미해지고, 고객은 쉽게 다른 병원으로 발길을 돌린다. 실제로 병원 이탈 요인 중 상당수가 예약 과정의 불편함에서 비롯된다. 따라서 병원이 구축해야 할 온·오프라인 예약 시스템의 원칙은 단순하다. 누구나, 언제든, 간단하게 만들어야 한다. 연령대나 디지털 친숙도와 무관하게 누구든 편리하게 쓸 수 있어야 한다. 업무 시간뿐 아니라 언제든 고객이 편한 시간에 예약할 수 있어야 하고, 복잡한 절차 없이 몇 번의 클릭으로 완료되어야 한다.

누구나 편리한 온·오프라인 예약 시스템

예약 전환율을 높이려면 단순히 채널을 많이 만드는 것만으로는 부족하다. 고객이 실제로 쓰기 쉽고, 누구에게나 접근 가능한 환경을 만들어야 한다. 연령대와 IT 이해도가 다양한 고객층을 모두 고려해야 하며, 예약 완료 후 문자에 '변경·취소 링크'가 있으면 신뢰도와 편의성이 동시에 올라갈 수 있을 것이다.

요즘 고객들은 전화보다 카카오톡이나 네이버 등 온라인 예약을 선호하는 경우가 점점 많아지고 있다. 특히 직장인이나 젊은 층은 업무 중이나 이동 중에도 간편하게 예약할 수 있기를 원한다. 고객에게 가장 편리한 예약 경험을 제공하려면, 온라인과 오프라인 채널을 유기적으로 통합해야 한다. 온라인 예약은 홈페이지, 모바일 앱, 카카오톡 채널, 네이버 등 다양한 온라인 접점을 제공하는 것이 핵심이다. 복잡한 클릭과 긴 입력 과정이 아니라, 3단계 이내 예약 완료라는 간단한 프로세스로 설계해야 고객이 이탈하지 않는다.

예를 들어 네이버에서 병원 이름을 검색하여 나온 페이지에서 바로 예약 버튼을 클릭할 수 있고, 카카오 채널 채팅창에서 즉시 예약 가능해야 한다. 홈페이지에서도 원하는 진료과, 시간, 의료진 선택 후 즉시 확정하는 것이 고객이 원하는 예약 시스템일 것이다. 예약 과정이 쉬울수록 고객은 빠르게 결정을 내린다.

여전히 전화나 현장 접수를 선호하는 고객도 많아서 이들을 위한 오프라인 예약 시스템이 필요하다. 고객을 잘 진료하려면 사전에 파악해야 할 내용이 있고, 기존 예약과의 조율이 필요하다. 그래서 네이버를 통해 예약했더라도 고객에게 전화를 걸어 예약을 확정하는 경우가 많다. 따라서 모든 채널에서 실시간 예약 현황을 공유해 이중 예약을 방지할 수 있도록 관리하는 것이 핵심이다.

온·오프라인 예약 채널 통합은 단순히 편의성을 높이는 차원이 아니다. 고객에게는 언제 어디서든 쉽게 예약할 수 있다는 신뢰감을 주고, 병원에는 이탈률 감소라는 직접적인 성과를 가져온다. 예약 시스템은 병원의 첫인상이자 마지막 관문이다. 모든 채널에서 기준을 세워 시스템을 설계해야 한다. 그런 시스템을 만나게 되면 고객의 마음은 예약 버튼에서 멈추지 않고, 실제 방문과 결제까지 자연스럽게 이어질 것이다.

예약 200% 잡히는 전화 응대법

고객이 병원을 선택하는 마지막 관문은 예약 단계이다. 이 시점에서의 작은 차이가 최종 예약 여부를 좌우한다. 특히 전화 응대는 병원과 고객이 직접 만나는 첫 순간이기에 더욱 중요하다. 현실적으로 전화 고객이 모두 예약으로 이어지지 않는다. 내가 콜센터를 세팅했던 병원의 데이터를 분석해 보니, 전화 문의 후 예약까지 이어지는 신환은 평균 60~70%였으며, 나머지 30~40%는 이탈하는 것으로 나타났다. 또한 예약을 잡아도 당일 이행하지 않는 고객이 평균 20%에 달한다. 신규 고객이 이탈하면 매출은 곧바로 떨어진다.

광고비와 인건비, 객단가를 감안하면 손실은 상당하다.

반면, 전화 응대만 개선해도 매출은 눈에 띄게 상승할 수 있다. 전화 응대는 결국 예약이라는 명확한 목표를 향한 대화다. 첫 30초 안에 신뢰와 친근감을 주고, 고객의 상황에 맞는 해결책을 제시해야 예약 전환율은 극대화된다. 이 과정을 5단계로 정리하면 다음과 같다.

1단계. 첫인상&친근감 형성하는 첫인사말

밝은 톤, 적당히 경쾌한 말 속도 그리고 따뜻한 첫인사말은 고객에게 이 병원은 신뢰할 수 있겠다는 인상을 남긴다. 첫인사말은 누구나 같은 톤과 내용으로 말할 수 있도록 표준화하는 것이 중요하다. 예를 들어 단순히 "여보세요"가 아니라, "안녕하세요, ○○병원입니다. 어떤 증상으로 문의 주셨나요?", "전화 주셔서 감사합니다, 고객님. 불편하셨을 텐데 제가 도와드리겠습니다"처럼 정돈된 인사말은 고객의 불안을 낮추고, 친근감을 높인다. 첫인사말에 병원의 슬로건이나 철학을 자연스럽게 녹이면 더 큰 효과를 얻을 수 있다. 예를 들어 "고객의 일상을 되찾는 ○○치과입니다"처럼 병원의 가치관이 담긴 한 문장은 고객에게 깊은 인상을 준다.

2단계. 니즈 파악

고객의 니즈를 파악하는 가장 좋은 방법은 질문이다. 특히 단답형으로 끝나는 닫힌 질문보다는, 고객이 상황을 직접 설명하게 만드는 열린 질문이 효과적이다. 예를 들어 "진료 대상이 본인이신가요,

아니면 가족분이신가요?", "언제부터 증상이 있으셨나요?", "혹시 이전에 치료를 받으셨던 경험이 있으신가요?", "이번에 원하시는 건 정밀 검진인가요, 아니면 치료까지 진행하는 것을 생각하고 계신가요?" 등과 같은 질문은 고객이 스스로 상황과 니즈를 풀어내도록 유도한다. 이를 통해 상담자는 고객이 원하는 진짜 목적을 빠르게 파악할 수 있다.

왜 열린 질문이 중요할까. 닫힌 질문은 "네/아니요"로 답하게 되어 대화가 단절되기 쉽다. 반면 열린 질문은 "어떤 증상 때문에 문의를 주셨나요?"처럼 고객이 자신의 언어로 구체적인 상황을 설명하게 만든다. 그 과정에서 고객이 중요하게 생각하는 욕구(핵심 진료/치료 목적)가 드러난다.

3단계. 가치 연결을 통한 확신 전달

고객에게 단순한 정보가 아닌, 맞춤형 해결책을 제시해 이 병원이라면 안심할 수 있겠다는 확신을 주는 것이 핵심이다. 맞춤 해결책은 고객의 상황과 니즈를 병원의 강점과 직접 연결할 때 효과가 극대화된다. 예를 들어 "말씀해 주신 증상은 저희 ○○ 전문의가 특히 많이 다루는 분야입니다. 최근에도 같은 증상으로 오신 고객분이 치료 후 많이 호전되셨습니다", "저희는 ○○ 장비로 정확한 검사를 진행한 뒤, 통증을 최소화한 시술로 치료해 드리고 있습니다. 그래서 시술 후 일상 복귀도 훨씬 빠릅니다" 등이다. 이처럼 고객의 불안을 줄여주면서 동시에 병원의 강점을 강조하면, 단순한 설명이 아닌 신뢰의 증거가 된다.

4단계. 고객의 망설임을 줄여 즉시 예약으로 연결하기

선택지가 너무 많으면 고객은 고민만 길어지고 결국 예약을 미루게 된다. 따라서 고객이 쉽게 선택할 수 있도록 옵션을 최소화하고, 통화 중에 바로 결정할 수 있도록 돕는 것이 필요하다. 이때 효과적인 방법이 바로 이중 선택 기법(Double Bind Technique)이다. 이 기법은 상대가 거절/승낙이 아닌, 제한된 두 가지 선택 중 하나를 고르도록 유도하는 설득 방식으로, 심리학자 그레고리 베이트슨의 의사소통 이론에서 파생되었다.

이중 선택 기법은 겉으로는 자유로운 선택처럼 보이지만, 사실상 원하는 행동으로 자연스럽게 이끄는 구조다. 예를 들어 "이번 주 ○요일 오후 3시와 5시 중 어느 시간이 편하신가요?", "오늘 오후에 바로 오실 수 있는데, 4시 자리가 남아 있습니다. 괜찮으실까요?" 등이다. 이처럼 '언제 오시겠습니까?' 대신 '○시와 ○시 중 어느 쪽이 좋으세요?'라고 묻는 순간, 고객은 '간다 vs. 안 간다'를 고민하지 않고, '3시 vs. 5시'라는 좁혀진 선택지 안에서 결정을 내린다. 이는 고객의 심리적 부담을 줄이면서도 예약 전환율을 높이는 강력한 설득 전략이다.

5단계. 예약 확정과 내원 안내

예약은 단순히 일정을 잡는 것으로 끝나지 않는다. 고객의 마지막 선택을 확실히 굳히고, 병원과 고객 모두가 약속을 지킬 수 있도록 안내하는 것이 다섯 번째 단계의 핵심이다. 특히 병원에서는 예약 후 고객이 오지 않는 노쇼(No-Show)로 인해 진료 공백과 경영 손실이 쉽게 일어난다. 따라서 이 단계에서 중요한 목표는 두 가지다.

하나는 고객이 예약 사실을 분명하게 인지하도록 하는 것이고, 다른 하나는 약속을 상기시켜줌으로써 병원에 대한 신뢰를 느끼도록 하는 것이다. 예약 직후 고객에게 "○○일 ○시 예약 확정해 드렸습니다. 오시는 길과 준비사항을 문자로 보내드리겠습니다"라고 말한 다음 안내 문자를 발송해 주고, 진료 전날에는 리마인드 메시지를 보내 고객이 잊지 않도록 도와준다.

사람은 누구나 바쁘다. 치료가 절실했던 고객도 일상에 치이다 보면 예약 사실을 깜빡할 수 있다. 이 짧은 메시지 두 개만으로도 노쇼 가능성을 크게 줄이고, 고객에게는 "이 병원은 꼼꼼하게 챙겨주는구나"라는 신뢰감을 심어줄 수 있다.

전화 응대는 단순한 예약 접수가 아니다. 병원의 첫인상이자, 고객이 우리 병원을 선택할지 말지 결정하는 분기점이다. 첫인사말에서 신뢰를 주고, 질문으로 니즈를 정확히 파악하며, 맞춤 해결책을 제시해 안심을 심어주고, 선택지를 좁혀 예약으로 연결한 뒤, 안내와 리마인드로 약속을 지키게 만든다면 예약 전환율은 자연스럽게 상승한다. 이 관문을 제대로 열어낸 병원만이 200% 예약 달성과 동시에, 고객에게 오래 기억되는 브랜드로 자리 잡을 수 있다.

남다른 가치를 만드는 방문 경험 설계

고객을 이해한다는 것, 이는 결국 내가 고객이었을 때를 잊지 않는 것이다. 고객의 시선으로 문제를 보고, 고객의 마음으로 설계할 때 병원은 단순한 치료의 공간을 넘어 신뢰와 공감의 공간이 될 수 있다.

01

가격 경쟁을 이기는 고객 경험의 순간

병원이나 기업의 전략 회의에서 빠지지 않는 고민이 있다. 가격을 낮출 것인가, 아니면 가치를 높일 것인가라는 질문이다. 내가 함께했던 대부분의 조직은 후자를 선택했다. 문제 해결이 필요할 때면 해결될 때까지 집요하게 몰입했고, 그 힘이 결국 병원의 경쟁력이 되었다. 물론 주변에 초저가 병원이 생기면 일시적으로 고객이 줄기도 했다. 하지만 우리는 항상 같은 결론에 도달했다.

"다시, 고객 경험으로 돌아가자."

고객이 불만족하는 접점(Touch Point)을 강화하면 고객은 다시 돌아왔다. CRM 점검, 고객 만족도 조사 등 기본을 지키는 노력 속에서 병원은 외부 환경 변화에도 흔들리지 않는 체력을 얻을 수 있었다. 고객들에게 있어 좋은 경험은 가격이 아니라 프리미엄 가치를 우선할 이유가 되었다.

반대로 가격 인하 전략은 쉽지만, 부작용이 만만찮다. 한 번 낮춘 수가는 다시 올리기 어렵고, 낮은 수가에서 높은 품질을 유지하기란 사실상 불가능하다. 최근 조사에서도 정상 수가 병원보다 초저가 병원이 마케팅 비용을 26% 더 쓰면서도 수익률은 오히려 낮다는 결과가 나왔다. 가격 경쟁은 결국 병원을 소모시킬 뿐이다.

병원의 경쟁력은 고객이 스스로 선택하게 만드는 경험 설계에 달려 있다. 고객의 경험 설계는 단순한 치료 과정이 아니다. 접수, 대기, 검사 및 진단, 상담, 진료, 수납 및 예약, 만족도 체크, 진료 후 관리까지 8단계의 고객 여정이 매끄럽게 이어질 때, 고객은 그 병원을 남다른 가치로 기억한다.

1단계. 접수(Reception)

첫인상이 모든 것을 결정한다. 무표정보다 밝은 미소와 "예약 확인 도와드리겠습니다"라는 인사가 고객의 긴장을 풀어준다. 어떤 병원은 신규 고객에게 간단한 오리엔테이션 카드를 제공해 "오늘은 이렇게 진행됩니다"라고 안내한다. 이동 동선을 알게 되면 고객의 불안이 줄어든다.

2단계. 대기(Waiting)

고객에게 대기 시간은 방치가 아니라 자기 시간이 존중받는지를 확인하는 순간이다. 예를 들어, 한 치과는 "현재 대기 인원 3명, 예상 대기 시간 20분"이라는 문자를 발송한다. 고객은 기다림 속에서도 신뢰를 느낀다.

3단계. 검사 및 진단(Diagnosis)

병원에서의 체험은 낯설고 불안한 만큼 사전 안내와 설명은 신뢰의 출발점이 될 수 있다. 검사 목적과 동선을 쉽게 알려주면 고객은 안심하게 된다. 진단 설명은 전문 용어 대신 고객의 언어로 풀어내야 공감이 쌓인다. 정확성보다 공감해 주는 태도가 더 오래 기억된다.

4단계. 상담(Consultation)

정보 전달을 넘어, 고객이 스스로 선택하도록 돕는 시간이다. 치아 교정 상담 시 모형과 사진을 활용하고, "앞니가 조금 겹쳐 보이는데, 교정을 하면 웃을 때 더 시원해 보일 거예요"처럼 고객의 언어로 설명하면 동의율이 크게 높아진다.

5단계. 진료(Treatment)

고객이 체감하는 가치는 기술력만이 아니다. 사랑니 발치 시 치과위생사가 턱을 받쳐주는 작은 배려를 통해, 고객은 자신의 불편을 이해받는다는 고마움을 느낀다. 이런 경험은 치료 기술보다 더 오래 기억에 남는다.

6단계 : 수납 및 예약(Payment and Appointment)

진료 후 수납과 예약이 다음 방문을 결정짓는 마지막 단계이다. 단순히 결제에서 끝나는 절차가 아니라, 자연스럽게 다음 방문을 이어주는 설계가 필요하다. 우선 금액 계산에 실수가 없도록 더블 체크해 고객에게 알려주고, 다음 진료에 대한 안내와 함께 예약 가능한 날짜를 두 가지 정도 제시해 선택할 것을 제안한다.

7단계 : 만족도 체크(Satisfaction Check)

불만을 '관계의 기회'로 바꾸는 순간이다. 진료 후 "오늘 어떠셨나요?"라는 말 한마디가 고객의 속마음을 드러내고 작은 불편을 신뢰로 바꿀 수 있다. 고객 불만으로 시작된 매출 하락과 신뢰로 인한 성장은 한 끗 차이이며, 만족도 체크는 이 갈림길을 가르는 결정적 장치다.

8단계 : 진료 후 관리(Post-Treatment Care)

방문을 '관계'로 바꾸는 설계다. 첫 방문 이후 이어지는 알림(감사 멘트, 주의사항, 다음 예약일), 치료 후 증상 체크(출혈이나 통증 여부), 이벤트 안내 같은 작은 접점이 고객을 다시 병원으로 돌아오게 만든다. 이 관계의 설계가 한 번 내원한 고객을 평생 고객으로, 나아가 병원의 홍보대사로 성장시킨다.

이렇게 접수의 한마디, 대기의 배려, 상담의 공감, 진료 중의 따뜻한 터치, 진료 후의 매끄러운 연결 등등 고객 여정 8단계를 설계하는 병원은 가격 경쟁이 아닌 가치 경쟁으로 선택받는다. 병원 경영의 해답은 단순하다. 고객의 여정에 몰입하는 것, 그 몰입이 쌓여 흔들리지 않는 경쟁력을 만든다.

02

[1단계] 접수 :
어떤 첫인상을 줄 것인가

첫 방문 고객에게 가장 불안한 순간은 진료실 문을 열기 전이 아니라, 병원에 도착하기까지의 전 과정이다. 낯선 동네, 처음 가보는 건물, 익숙하지 않은 주차 환경은 길을 제대로 찾을 수 있을지, 주차는 어떻게 해야 할지, 막연한 걱정을 만든다. 내비게이션이 있어도 병원 입구가 잘 보이지 않거나, 건물 안 동선이 복잡하면 고객은 병원에 도착하기도 전에 이미 스트레스를 경험한다. 이때 느낀 피로와 불편은 그대로 병원에 대한 첫인상으로 저장되고, 이후 진료 만족도에도 영향을 준다.

병원의 가치를 깎아먹는 의외의 복병

고객은 진료실이 아니라, 병원에 도착하는 여정 전체를 보며 병원의 체계와 신뢰도를 평가한다. 제주도의 한 치과를 교육했을 때였다. 직원들을 대상으로 고객 불만을 정리하고 우선순위를 정해보니, 모두가 한목소리로 주차 문제를 1순위로 꼽았다. 치과는 개원 3년 동안 소개 고객도 꾸준히 늘며 겉보기에는 잘 운영되고 있었지만, 새로운 고객들이 주차 공간을 찾지 못해 병원 주변을 몇 바퀴 돌다가 항의하거나 돌아가는 일이 반복되고 있었다. 이 치과는 주차난을 심각한 저해 요인으로 보고 인근에 주차 부지를 섭외해서 확장 이전에 성공했다. 골칫덩어리 주차난을 해결한 덕에 매출 상승이란 결과까지 연결될 수 있었다.

이처럼 방문 전 경험, 특히 찾아오는 길과 주차 과정은 첫인상을 결정짓는 핵심 접점이다. 접수 전에 지친 고객의 감정을 돌려세우려면 접수·상담 파트에서 더 많은 에너지와 공감이 필요하며, 그 과정에서 작은 실수 하나만 있어도 전체 경험이 쉽게 무너진다.

반대로, 병원이 이 지점을 전략적으로 관리하면 상황은 완전히 달라진다. 예약 확정 메시지에 건물 위치와 입구 사진, 주차장 위치, 대체 공영주차장 안내, 주차 후 병원까지의 도보 동선과 예상 소요 시간까지 함께 보내는 병원들이 점점 늘고 있다. 고객 입장에서는 이 작은 정보들이 '이 병원은 내 시간과 에너지를 아끼게 해주는 곳'이라는 신뢰로 다가온다.

진료실 안에서의 의료 서비스만으로는 충분하지 않다. 진료실 밖의 경험, 그중에서도 도착 전 여정에 얼마나 정성을 들였는지가 병원 선택과 재방문에 큰 차이를 만든다. 접근성이 좋고, 주차가 수월하며, 안내가 명확한 병원은 신규 고객 유입이 눈에 띄게 수월하다. 고객은 차에서 내리기 전부터 병원의 태도와 서비스 수준을 체감한다. 따라서 찾아오는 길 안내와 주차 정보 제공은 고객의 불안을 줄이고 병원에 대한 신뢰를 쌓는 전략적 장치로 봐야 한다. 진료실 안과 밖을 하나의 경험으로 보고, 그 전 과정을 설계하는 병원이 결국 다시 찾고 싶은 병원으로 성장한다.

고객을 미소 짓게 하는 데스크 3분 경험

2017년에 「치과병원의 조직 구조와 치과위생사의 직무 분석」 연구를 진행하며 전국 120개 치과병원을 전수 조사한 경험이 있다. 하루에 3~4곳씩 병원을 방문해 직접 문을 열고, 접수를 하고, 대기해 보며 고객 여정을 그대로 따라가던 시간은 병원을 고객의 시선으로 바라보는 법을 배우는 소중한 계기였다. 그 과정에서 분명히 알게 된 사실이 하나 있다. 병원의 철학은 결국 직원의 태도에서 드러나며, 고객은 병원에 들어선 단 몇 분 만에 이를 직감한다는 점이다.

흔히 첫인상은 3분 안에 결정된다고 말한다. 짧다고 느껴질 수 있지만, 그 짧은 시간 동안 드러나는 표정과 말투, 눈빛과 자세는 말보다 더 강한 메시지를 전달한다. 잡코리아 조사에 따르면 면접에서 지원자의 첫인상이 결정되기까지 걸리는 시간은 평균 3분 4초이며, 가장 큰 영향을 미치는 요소는 말의 내용이 아니라 자세와 태도였다.

병원도 다르지 않다. 대부분의 고객은 병원에 대해 아무런 정보 없이 들어오므로, 병원 문을 열고 들어서는 순간 가장 먼저 마주하는 접수 직원의 눈빛, 표정, 말투가 곧 병원의 철학이자 문화가 된다. 특히 통증이나 불안한 마음으로 방문한 고객에게는 따뜻한 안내와 배려가 긴장을 푸는 결정적인 요소가 된다. 병원에서 사람을 대하는 태도는 신뢰의 첫 단추이자 브랜딩이며 시스템이다.

고객이 들어오는 순간, 접수 직원은 그와 눈을 맞추고 자리에서 일어나 미소로 맞이해야 한다. 고개를 들지 않은 채 무표정하게 "접수하세요"라고 말하는 태도는 대단히 부정적인 인상을 남긴다. 태도는 말보다 먼저, 목소리의 온도는 내용보다 먼저 전달된다. 명확한 발음, 밝은 톤, 여유 있는 속도가 중요하며, 빠르고 단호한 말투가 차갑게 느껴질 수 있으므로 말끝을 부드럽게 마무리하는 습관이 필요하다. 이 모든 요소는 표정, 눈 맞춤, 인사와 자연스럽게 이어져야 한다.

접수 시 고객 경험을 구성하는 핵심 요소는 환영 인사, 신분증 확인, 문진표 작성, 보험 확인, 접수, 대기 안내다. 이 모든 것은 접수 담당자의 핵심 업무 영역이다. 여기에 고객이 '이 병원을 잘 선택했다'고 느끼게 만드는 두 가지 응대 포인트만 더해 보자.

단순히 "잠시만요"라고 하기보다 "기다리시는 동안 ○○을 도와드리겠습니다"처럼 고객의 상황을 먼저 배려하는 표현이 훨씬 따뜻하게 전달된다.

두 번째. 불편을 공감으로 먼저 응대하기

불편을 이야기하는 고객에게는 "그러셨군요, 많이 불편하셨겠어요"라는 공감의 한마디가 문제 해결보다 먼저 나와야 한다. 이 작은 차이가 고객의 감정을 완전히 바꾼다.

병원의 진짜 인테리어는 화려한 공간이 아니라 사람이다. 고객을 맞이하는 공손한 태도, 따뜻한 미소, 진심 어린 시선 그리고 부드러운 목소리 톤이 병원의 첫인상을 만든다. 첫인상은 고객 경험의 절반을 좌우한다고 해도 과언이 아니다. 접수 데스크는 단순히 절차를 처리하는 자리가 아니라, 고객의 마음을 열고 병원의 이미지를 심어주는 출발점이다. 단 3분의 응대만으로 고객의 마음을 움직일 수 있다면, 그 병원은 이미 고객 경험의 절반을 완성한 것이다.

복잡함을 덜어내는 접수 시스템

현대 소비자는 복잡한 것을 싫어한다. 절차가 많고 설명이 긴 경험은 오히려 거부감을 만들고, 단순하고 직관적인 경험이 선택의 기준이 된다. 과거에는 절차가 많고 선택지가 다양한 것이 전문성처럼 느껴졌지만, 지금의 소비자는 단순함에서 신뢰와 편안함을 느낀다. 검색 한 번이면 수많은 정보가 쏟아지고, 앱 하나로 모든 것이 해결되는 시대, 정보 과잉의 환경 속에서 사람들은 쉽고 빠르고 명확한 것을 더 가치 있게 여긴다. 특히 의료 서비스처럼 낯설고 긴장되는 공간에서 접수 절차마저 복잡하다면, 아무리 직원이 친절하더라도 고객의 기억에는 편안함보다 번거로움이 먼저 남는다. 그래서 접수 과정에서 가장 먼저 해야 할 일은 절차를 단순화하는 것이다.

환영 인사, 신분증 확인, 문진표 작성, 보험 확인, 접수, 대기 안내 등 접수 과정이 하나의 흐름으로 자연스럽게 이어져야 한다. 단순한 구성은 고객의 심리적 피로를 낮추고, 병원 운영의 효율까지 함께 높인다. 고객은 지금 내가 어디에 있고, 다음에 무엇을 하면 되는지를 알 때 안심한다. 예를 들어, "이 문진표 작성 후 다시 데스크로 오시면 바로 대기 안내 도와드릴게요"처럼 한 번의 명확한 설명으로 흐름을 끝까지 안내하는 것이 중요하다.

고객 맞춤형 접수 구조 설계 또한 중요하다. 신규 고객과 재진 고객을 같은 방식으로 접수하면 불필요한 대기와 혼란이 생긴다. 신규 고객에게는 상세 문진과 보험 확인, 동선 안내가 충분히 제공되어야 하고, 재진 고객에게는 빠른 접수 후 곧바로 진료로 이어질 수 있도록 간소화된 흐름이 필요하다. 고객 유형에 따른 접수 전략은 대기 시간을 줄이고 만족도를 높이는 중요한 포인트가 된다.

예약 시스템에 따라서 접수 방식도 달라진다. 사전 예약 접수와 현장 선착순 접수, 이 두 가지 방식이다. 사전 예약제는 고객의 대기 시간을 아껴주고, 병원 입장에서 체계적인 진료 관리가 가능하다는 장점이 있다. 다만 실제 진료 현장에서는 응급 상황이나 수술 지연으로 대기 시간이 늘어나는 일이 빈번하다는 단점이 있다.

반대로, 현장 선착순 접수일 때 고객은 미리 예약하지 않아도 진료가 가능하다는 장점이 있지만, 차례가 될 때까지 오래 기다려야 한다는 단점이 있다. 그래서 일부 병원에서는 접수 시점에 당일 예상 진료 시간을 안내해 주고 시간에 맞춰 방문하도록 하고 있다.

중요한 것은 방식의 차이가 아니라, 고객이 대기 시간을 예측할 수 있도록 안내해야 한다는 것이다. 대기 시간이 30분일지, 한 시간일지 예측해서 고객에게 알려주면 고객은 그 시간에 책을 읽거나 전화를 하거나, 다른 일정을 조정할 수 있다. 예측할 수 없는 대기는 시간을 빼앗긴 느낌을 주지만, 예측 가능한 대기는 시간을 활용하는 경험으로 바뀐다.

고객이 자주 묻는 질문을 사전에 안내해 복잡함을 미리 줄여주는 것도 매우 효과적인 방법이다. 주차, 대기 시간, 준비물 같은 정보는 사전 문자나 QR 안내 페이지로 충분히 전달할 수 있다. 이 작은 준비만으로도 직원의 업무 부담은 크게 줄어들고, 고객은 "이 병원은 준비되어 있다"는 인식을 갖게 된다. 반복적인 질문에 응대하다 보면 직원은 정작 중요한 고객 응대에 집중할 여력을 잃는다. 반대로 사전 안내가 잘 되어 있으면, 접수 직원은 불필요한 설명 대신 친절한 인사, 공감, 추가 안내 같은 '질 높은 고객 경험'에 집중할 수 있다. 결과적으로 고객 만족도와 직원의 업무 효율은 동시에 높아진다.

고객 불만 대부분은 몰라서 생긴다. 주차 공간이 협소한데 사전 안내가 없고, 대기 시간이 길어질 수 있다는 설명이 없으니 감정이 쌓이는 것이다. 같은 상황이라도 사전에 안내가 되어 있다면 고객은 훨씬 더 잘 이해하고 받아들인다. 정보를 먼저 주느냐, 뒤늦게 설명하느냐가 고객 감정의 온도를 완전히 바꾼다.

03

[2단계] 대기 :
기다림을 가치 있게

대기 공간은 병원의 첫인상을 결정짓는 중요한 무대다. 20년간 병원 교육과 개원 컨설팅을 하면서, 공간은 단순한 장소가 아니라 브랜드와 문화를 보여주는 힘이라는 사실을 깨달았다.

고객은 진료실에 앞서 대기실에서 병원의 태도와 철학을 경험한다. 대기실의 조명, 안내판 톤, 벽 메시지, 의자 배치 모두가 병원의 철학을 말해준다. '고객을 가족처럼' 대한다면 따뜻한 색감의 소파, 긴장 완화를 위한 음악, 진료 대기 시간을 알려주는 디지털 안내판 같은 세심함이 반드시 필요하다.

공간 브랜딩으로 기대감을 높여라

A치과에 가면 병원 문을 열자마자 따뜻한 향기와 편안한 음악이 흐르고, 벽면에는 '치아는 인생의 친구'라는 메시지가 걸려 있다. 소아치과인 B치과는 동화 속 장면을 벽에 그려 넣고 작은 책장을 마련해 아이들이 대기하는 시간을 즐거운 경험으로 인식하게끔 바꾸었고, 부모들은 아이가 편안해 하는 모습을 보며 신뢰를 느꼈다.

C피부과는 대기실을 셀프 케어 공간으로 꾸며 보습제 사용과 영상 시청을 유도해, 기다리는 시간을 자신을 돌보는 시간으로 변화시켰다. D치과는 깔끔함을 최우선으로 하여 벽에 오직 병원 철학과 치과의사 약력만 걸어 두었고, 계절에 따라 물품(ex. 여름 : 시원한 음료수/겨울 : 옷걸이, 성탄 장식)을 비치해 고객 편의를 우선시하는 태도를 보여줬다. 이런 작고 실용적인 배려가 병원의 철학을 공간에 담는 행동이다.

병원을 잘 알 수 있는 볼거리 또한 중요하다. 과거에는 대기실에 TV나 컴퓨터를 두는 게 일반적이었지만, 오늘날엔 단순한 영상이 아니라 고객이 원하고 도움이 되는 정보 제공이 더 중요해졌다. 예를 들어 첫 방문 고객에게는 "처음 오셨나요?"라는 멘트와 함께 처음 오신 분들을 위한 진료 프로세스 안내 영상이 자연스럽게 흘러나와 신규 고객의 불안을 덜어줄 수 있다. 대기실 한쪽에는 진료 콘텐츠 키오스크가 마련되어 있어 터치 한 번으로 임플란트 과정, 교정 단계, 시술 전후 사진을 확인할 수 있다. 이처럼 대기 공간에는 진료 프로세스, 치료 방법, 유사 사례, 치료 후 관리 방법 등 고객의 선택에 도움이 되는 콘텐츠를 자연스럽게 접할 수 있도록 구성하는 것이 바람직하다.

공간 브랜딩은 단순 인테리어나 장식이 아니라 병원의 가치와 문화를 고객이 자연스럽게 느끼도록 만드는 일이다. 고객은 대기하는 동안 불편해 하지 않고 병원에 대한 긍정적 기대감과 신뢰를 쌓게 된다.

시간이 짧게 느껴지는 대기 응대법

엘리베이터가 처음 등장했을 때, 사람들의 가장 큰 불만은 너무 느리다는 것이었다. 속도를 올리려면 막대한 비용이 필요했지만, 누군가는 전혀 다른 해결책을 떠올렸다. 바로 엘리베이터 안에 거울을 설치한 것이다. 놀랍게도 이후 불만은 거의 사라졌다. 사람들은 거울을 보며 머리를 다듬거나 옷차림을 살피는 동안 지루함을 느끼지 않았기 때문이다. 문제는 속도가 아니라, 지루함이었다.

병원에서 가장 지루한 순간은 언제일까. 진료실도, 상담실도 아니다. 바로 대기하는 시간이다. 고객은 이 시간 동안 몸의 불편함과 함께 마음의 불안을 동시에 느낀다. 얼마나 더 기다려야 할지, 내 순서가 언제인지, 내가 잊혀진 건 아닌지 등등 말이다.

그래서 바람직한 대기 응대는 "조금만 기다리세요"가 아니라 "현재 대기 인원이 세 분이고, 약 20분 정도 소요될 예정입니다"처럼 구체적으로 안내하는 것이다. 특히, 예약 고객이라면 여기에 "기다리게 해드려서 죄송합니다. 혹시 빨리 나가보셔야 하는 일정이 있으실까요?"와 같은 한마디가 더해지면, 고객은 기다림 속에서도 존중받고 있다는 느낌을 받는다. 대기 안내는 한 번으로 끝내서는 안 되며, 예상보다 시간이 길어질 때 반드시 다시 한번 상황을 설명해야 한다.

병원 상담자가 대기 시간을 고객 니즈를 파악하는 시간으로 활용해도 좋다. 이때 고객 정보를 적절하게 활용하면 맞춤형 응대와 제안을 할 수 있고, 동의율과 재방문율을 높일 수 있다. 예컨대 온라인 검색으로 유입된 고객은 보통 가격·시술 방법·리뷰에 민감하다. "어떤 증상 때문에 검색해 보셨어요?", "혹시 다른 병원도 알아보고 계신가요?", "어떤 정보가 가장 궁금하신가요?"와 같은 질문으로 기대를 파악한 뒤, 병원의 차별성과 전문성을 설명하면 선택이 훨씬 쉬워진다.

지인 소개로 방문한 고객은 신뢰도가 높지만 기대치도 크다. 이들은 소개자가 경험한 것과 같은 서비스를 기대하기 때문이다. "누구 소개로 오셨나요?", "소개받으실 때 어떤 점이 좋다고 들으셨나요?", "오늘 오시기 전에 기대하신 부분이 있었나요?"와 같은 질문을 통해 소개받은 포인트를 우선 파악한다. 문진을 마친 후 초진 프로세스를 안내하면 고객이 불안을 덜고, 진료를 더 효율적으로 진행할 수 있다.

만약 고객이 대기 시간에 조용히 쉬기를 원한다면 그 의도를 빠르게 읽고 배려하는 것이 필요하다. 고객은 자신이 원하지 않는 대화를 하기보다 조용히 쉬고 싶은 권리를 소중히 여긴다. 휴대폰을 보거나, 이어폰 착용, 예/아니오의 짧은 대답은 대화를 원하지 않는 신호다. 이제는 "기다리시는 동안 설명을 드릴까요, 아니면 조용히 쉬실 수 있게 해드릴까요?"처럼 선택권을 주는 응대가 가장 편안한 서비스가 된다.

대기 중 고객이 불편을 표현할 때, 직원은 본능적으로 상황부터 설명하려는 경향이 있다. 그러나 고객의 감정은 설명만으로는 쉽게 누그러지지 않는다. 불편을 말하는 순간, 고객이 가장 먼저 듣고 싶은 것은 문제의 이유가 아니라 이해받고 있다는 신호다. "지금 수술이 길어져서요"라는 설명보다 먼저 "기다리시느라 많이 답답하셨죠"라는 공감이 먼저 나와야 한다. 그다음에 상황 설명이 이어질 때, 고객의 마음은 비로소 열린다.

같은 말이라도 순서가 바뀌면 전혀 다른 의미로 전달된다. 설명이 먼저 나오면 변명처럼 들리고, 기다림을 당연하게 여긴다는 인상을 줄 수 있다. 반대로 공감이 먼저 나오면, 고객은 배려받고 있다고 느낄 수 있다.

물론 매 순간 응대하는 직원에게도 긴장과 두려움이 앞설 수 있다. 그럼에도 불구하고 기다림에 지친 고객에게 물 한 잔을 건네는 것, 대기가 길어질 때 다시 한번 양해를 구하는 작은 행동 하나가 고객의 감정을 회복시키는 전환점이 된다. 이런 사소한 배려가 불만을 신뢰로 바꾸는 힘이 된다.

병원에서 대기 시간을 완전히 없애는 것은 쉽지 않다. 그러나 고객은 대기 중 느낀 분위기와 직원의 태도, 안내 방식을 진료 결과만큼 강하게 기억한다. 기다림을 불편으로 남길지, 배려로 기억하게 할지는 결국 대기 응대에 달려 있다.

04

[3단계] 검사 및 진단 :
고객 문제 해결의 시작

진단은 단발적인 판정이 아니라 검사 및 문진 등 여러 단계를 거치며 분석, 해석하는 과정이다. 몸에서 들려오는 작은 신호들을 모아, 지금 어떤 일이 일어나고 있는지를 밝혀내는 탐험과도 같다. 의사는 마치 탐정처럼 단서를 모은다. 고객이 털어놓는 이야기는 사건의 배경이 되고, 청진기의 소리는 미세한 흔적이 되며, 엑스레이와 검사 수치는 숨겨진 그림을 드러낸다. 이 모든 조각들이 모여 하나의 큰 그림을 이루는 순간, 우리는 그것을 '진단'이라 부른다.

검사 시 효과적인 설명법

검사를 실시해야 할 땐 그것이 왜 필요한가를 고객에게 먼저 말해야 한다. 고객은 의료진의 말을 그대로 수용하지 않으며, 궁금한 게 머릿속을 가득 채운다. 시간이 오래 걸리진 않을까, 비용이 추가되는 건 아닐까 등과 같은 의문이다. 따라서 검사나 진단을 시작할 때는 왜 필요한가를 먼저 설명하는 것이 핵심이다. 예를 들어, "이 검사를 하셔야 정확한 원인을 알 수 있고, 괜히 불필요한 치료를 줄일 수 있습니다"라고 말하면 고객은 검사 자체가 자신을 위한 안전장치라는 사실을 이해하게 된다. 의료진이 먼저 검사하는 이유를 명확히 제시할 때, 고객은 방어적 태도에서 신뢰적 태도로 바뀐다.

진단 과정에서 고객이 가장 민감하게 반응하는 것은 문제의 원인을 찾는데 얼마나 정확한 검사 과정을 거치는가이다. 의사의 경험과 직관은 여전히 중요하지만, 고객은 이제 사람의 판단만으로는 안심하지 못한다. 그래서 최근 의료 현장에서는 AI 기반 진단 기술이 주목받고 있다.

AI 진단은 방대한 데이터를 학습해 미세한 이상 신호를 찾아낸다. 사람의 눈으로는 놓칠 수 있는 병변이나 패턴을 빠르게 포착한다. 예를 들어 치과에서는 X-ray에서 충치, 치주질환, 매복된 사랑니의 위치 등을 자동 분석해 의사에게 가능성이 높은 소견을 제시한다. 이런 기술은 단순히 정확도를 높이는 데 그치지 않고, 의사의 설명을 뒷받침하는 객관적 근거이자 강력한 설득 도구가 된다. "제가 보기에도 문제가 있습니다"라는 말보다, AI 분석 결과와 의사의 설명이 일치할 때 고객은 이 병원을 믿을 수 있겠다는 확신을 갖는다. 이는 사람의 경험과 기술의 객관성이 결합된 새로운 형태의 신뢰다.

진단 결과를 설명할 때 의사가 경험할 수 있는 가장 큰 오류는 고객이 이해했다고 착각하는 것이다. 의학 용어는 어렵고, 단어 몇 개만으로는 고객의 머릿속에 그림이 그려지지 않는다. 의료진이 아무리 뛰어난 기술을 가지고 있어도 고객이 이해하지 못하는 언어로 설명한다면 신뢰는 쌓이지 않는다. 따라서 고객의 눈으로 직접 확인할 수 있는 시각 자료가 필요하다. X-ray, CT, 구강 카메라 영상 같은 이미지를 보여주면서 "여기 보시면 어두운 그림자가 있죠? 이게 염증입니다"라고 설명하면 고객의 이해를 도울 수 있다.

단순한 사진 제시가 아니라, 비교 이미지를 활용하면 더욱 효과적이다. 건강한 상태와 현재 상태를 나란히 보여주면 고객은 설명이 아니라 체험을 통해 진단의 필요성을 받아들인다. 이때 중요한 건 의료진의 언어를 고객의 언어로 번역해 주는 것이다. 보여주고, 풀어주고, 공감하는 것이다. 단순한 결과 전달이 아니라, 고객의 눈높이에 맞춘 언어와 시각 자료 그리고 "많이 놀라셨죠?"와 같은 감정적 연결이 더해질 때 진단은 신뢰를 주는 순간으로 바뀐다.

4W 활용, 원장의 치료계획 설명법

"이가 아파서 왔어요."

50대 남성 고객이 왼쪽 아래 어금니 통증을 호소하며 병원을 찾았다. 많은 의사들은 이 순간을 진료의 시작으로 생각한다. 만약 의사가 고객의 이야기를 듣고 곧바로 "잇몸치료를 받으셔야 합니다"라고 말한다면 어떨까? 고객은 고개를 젓고 다른 병원을 찾을 가능성이 크다. 왜냐하면 그래야 하는 이유에 대한 설명이 빠져 있기 때문이다. 아무리 의사의 머릿속에 치료계획이 뚜렷해도, 고객은 여전히 불안과 의심 속에 있다. 상담자의 설명은 보조적인 역할에 불과하고, 최종 신뢰는 의사의 말에서 완성된다. 즉, 의사가 치료 원인과 방향을 논리적으로 잘 설명하면 상담자의 역량에 크게 의존하지 않아도 된다.

의사는 단순히 치료자가 아니라 고객의 문제 해결자다. 문제를 해결하려면 진료만큼이나 기획적인 접근이 필요하다. 나는 20년 동안 병원에서 기획자로 일하며, 문제를 정의하고 프로젝트로 풀어내며, 시스템을 설계해 왔다. 기획·문제 해결 관련 책을 많이 읽었는데, 그중 박신형 작가의 《기획의 정석》이 가장 도움이 되었다. 이 책에서 소개한 3WR 문제해결 프레임워크를 적용하며, 나만의 4W 프레임워크를 만들게 되었다.

4W 프레임워크는 Why(문제), Why so(원인), What(제안), What's better(비교 근거)의 네 가지 단계로 이루어져 있다. 진단 시 이 구조를

활용해 설명하면 고객은 객관적이고 명쾌하게 자신의 문제와 해결법을 이해할 수 있다.

4W는 단순하지만 강력하다. 먼저 Why는 문제를 규명하는 단계, Why so는 문제의 원인을 밝히는 단계, What은 원인을 해결하기 위한 제안을 담는 단계, 마지막으로 What's better는 고객이 가장 좋은 선택을 할 수 있도록 제안에 해당하는 사례를 서로 비교해 보여주는 단계이다. 이 네 가지 질문을 따라가면 문제 상황이 자연스럽게 정리되고, 누구나 공감할 수 있는 설득의 틀이 완성된다. 그렇게 되면 의사의 일방적인 진단이 아니라, 고객과 함께하는 문제 해결 과정으로 전환된다.

4W 프레임워크를 활용한 원장의 치료계획 설명 예시

- Why(문제) : "어금니가 아파서 식사하실 때 많이 불편하셨겠어요."
- Why so(원인) : "검사 결과, 통증의 원인은 잇몸 염증 때문입니다."
- What(제안) : "치주질환이 진행되었지만, 잇몸치료를 꾸준히 받으시면 몇 년은 더 사용하실 수 있습니다. 관리가 어려우면 발치 가능성이 높아지고, 임플란트가 필요할 수도 있습니다."
- What's better(비교 근거) : "잇몸치료를 꾸준히 받았을 때와 그렇지 않았을 때의 사례를 보여드릴게요."

진단과 치료계획 설명은 단순히 아픈 곳을 해결하는 것에서 끝나서는 안 된다. 고객이 호소한 문제를 출발점으로 삼되, 그 기대와 필요를 조금 더 넓게 살피는 태도가 필요하다. 작은 증상만 보고 그에 맞는 치료만 제안하는 것은 일시적인 해소에 불과하다. 반면에 문제와 원인을 충분히 설명하고, 치료 방향과 기대할 수 있는 결과까지 함께 설계할 때 고객은 비로소 신뢰를 느낀다. 4W 프레임워크를 적용한 설명은 이러한 신뢰 형성을 가능하게 한다.

의사인 원장의 치료계획 설명은 고객의 이해와 선택을 돕는 과정이다. 고객은 자신이 존중받고 있다고 느낄 때 수동적으로 치료받는 존재에서 능동적으로 선택하는 존재로 바뀐다.

05

[4단계] 상담 : 고객에게
확신을 주는 상담법

어느 날 한 신규 고객이 온라인 검색을 통해 라미네이트 시술을 알아보고 치과에 내원했다. 라미네이트는 치아 겉면에 얇은 세라믹을 덧붙여 외형을 개선하는 심미 보철 치료로, 고객 만족도가 높은 편이다. 상담자는 이렇게 설명했다.

"치아에 예쁜 네일을 붙인다고 생각하시면 돼요. 얇게 다듬고 세라믹을 덧붙이는 거라 통증도 적고, 치료도 빠릅니다."

설명은 명확했고 고객도 긍정적으로 반응했다. 그러나 문제는 치아 배열이 불규칙해 라미네이트만으로는 적절하지 않았다는 점이었다. 치과에서는 장기적인 구강 건강을 위해 교정을 먼저 권했지만, 고객은 "생각해 보고 연락드릴게요"라며 돌아갔다.

왜 설득이 실패했을까? 해답은 고객의 유입 경로에 있다. 온라인으로 유입된 고객은 이미 스스로 정보를 찾아보고, 마음속으로 어느 정도 결정을 내린 상태에서 병원에 온다. 이들에게는 장황한 설명이나 새로운 권유보다, 먼저 "내가 선택한 방향이 존중받고 있다"는 느낌이 훨씬 중요하다. 상담자가 그 지점을 놓쳤을 때, 고객은 병원의 전문적 조언보다도 자신의 선택이 흔들렸다는 불편함을 더 크게 느끼게 된다. 이처럼 유입 경로는 상담 전략에 많은 영향을 미친다.

유입 경로에 따른 맞춤형 상담 전략

온라인 유입 고객은 세부적으로 네이버 등 포털 검색 고객, 블로그·유튜브를 보고 온 고객, SNS·광고 유입 고객으로 나눌 수 있다. 먼저 포털 검색 고객은 정보를 충분히 탐색하여 비교 중인 고객으로, 객관적인 정보와 전문성에 민감하다. 따라서 이들에게는 병원의 차별점을 명확히 인지시켜야 한다. 어떤 키워드로 검색했는지, 다른 병원과 비교했을 때 어떤 점이 고민되는지 등의 질문으로 관심사를 파악하고, 의료적 설명을 투명하게 진행하는 것이 효과적이다.

블로그·유튜브를 보고 온 고객은 콘텐츠의 분위기와 스토리에 감정적으로 반응한 경우다. 이때는 "어떤 글이나 사례가 인상 깊으셨어요?" 같은 질문으로 공감대를 형성하고, 블로그 톤과 실제 상담 톤을 일치시켜 신뢰를 강화해야 한다.

SNS·광고 유입 고객은 감각적 요소, 혜택, 간편함에 반응하는 경향이 있다. 따라서 "인스타 보고 오셨다고 하셨죠? 어떤 포인트가 마음에 드셨어요?" 같은 질문으로 니즈를 빠르게 파악하고, 핵심 포인트를 짚어주는 상담이 중요하다.

온라인 유입 고객은 자신의 문제와 해결책을 이미 잘 알고 있다고 생각하는 경우가 많으므로, 상담은 ①인정, ②공동 판단, ③대안 제시의 흐름이 효과적이다. 앞서 사례에서는 "라미네이트 예쁘죠"라며 고객의 생각을 인정하고, "다만 지금 치아 상태에선 삭제량이 많아져요"라는 공동 판단을 제시한 뒤, 대안을 제시하는 것이다. 이렇게 하면 고객은 존중받고 있다고 느끼며 자연스럽게 결정을 내린다.

온라인 유입 고객 상담법

인정 ➡ 공동 판단 ➡ 대안 제시

오프라인 유입 고객의 강력한 경로는 소개다. 소개 고객은 추천인의 소개로 이미 절반의 신뢰를 품은 만큼 상담자는 분위기와 공감, 신뢰를 이어주는 역할에 집중해야 한다. 특히 소개자와의 연결고리를 자연스럽게 언급하면 고객은 자신이 잘 선택했다는 확신을 갖게 된다.

"○○님 통해 오셨다고 하셨죠? 오시기까지 고민 많으셨을 텐데요."

이처럼 치료 설명보다 먼저 따뜻한 라포를 형성하는 것이 중요하다. "여기가 잘한다고 해서 왔어요"라는 고객의 마음에는 이미 병원에 대한 신뢰의 온기가 돌고 있으므로, 일반적인 설명보다 신속한 치료 설계와 상담으로 기대에 부응해야 한다. "어떤 얘기로 추천을 받으셨어요?"라고 묻는다면 소개 고객이 중요하게 생각하는 가치를 파악할 수 있다. 가치를 파악한 후 "임플란트를 잘한다는 추천을 받으셨군요. 저희 병원은 최근 10년간 성공률이 거의 99%에요"라며 그것이 잘 지켜지고 있다는 확신을 주어야 한다.

마지막으로, 근거리 유입 고객은 병원에 대해 리서치하지 않고 방문한 고객이다. 병원에 대한 마음은 플러스도 마이너스도 아닌 제로이거나 냉랭한 상태이다. 겪고 있는 증상 역시 크게 심각하지 않거나 자기 상태를 잘 모를 가능성이 높다. 이들에게 지나치게 적극적이고 파고드는 상담은 오히려 부담이 될 수 있으므로, 간단하게 끝날 수 있는 진료를 시행함으로써 신뢰를 쌓는 것이 우선이다. 예를 들어 임플란트 환자라 하더라도 곧바로 치료계획과 가격을 설명하기보다, 스케일링과 잇몸치료 등 보험 적용 가능한 치료를 통해 차츰 신뢰를 쌓는 것이다. 편안한 분위기, 친절함을 경험하게 하는 것이 중요하며, 상담 마무리 단계에서는 그 고객에 맞는 정보를 제공해야 재방문으로 이어질 수 있다.

온라인 유입 고객, 소개 고객, 근거리 방문 고객 등 유형별 특성을 이해하고 상담 전략을 달리할 때, 병원은 고객의 마음을 열고 치료 여정의 이탈을 최소화할 수 있다. 성공적인 상담은 고객을 이해하는 것에서 출발해, 고객이 원하는 방식으로 공감과 신뢰를 쌓아가는 과정이다.

초기 상담 : 치료 포인트를 잡는 단계별 질문 전략

상담은 언제나 설명보다 관심과 질문에서 시작되어야 한다. 단순히 치료 방법을 나열하는 것이 아니라, 전략적인 질문을 통해 고객이 자신의 문제를 어떻게 인식하고 무엇을 기대하고 있는지를 파악하는 것이 진짜 상담의 출발점이다. 《마케팅 설계자》에서는 고객이 문제를 얼마나 인식하고 있는가, 해결하려는 의지가 있는가, 기업/제품에 대해 얼마나 알고 있는가에 따라 뜨거운(Hot) 고객, 따뜻한(Warm) 고객, 차가운(Cold) 고객으로 구분했다.

뜨거운(Hot) 고객은 자신의 문제를 명확히 인식하고 있으며, 해결책 또한 알고 있고, 이미 우리 병원에 대해서도 충분히 인지하고 있는 고객이다. 앞서 얘기한 소개 고객이 뜨거운 고객에 해당한다.

따뜻한(Warm) 고객은 문제와 해결책에 대한 인식은 있지만, 아직 우리 병원에 대해서는 잘 모르고 여러 병원을 다니며 상담을 받은 상태다. 온라인 유입 고객이 여기에 해당한다.

차가운(Cold) 고객은 문제에 대한 자각이 부족하고, 해결책이나 병원에 대한 정보도 거의 없는 상태의 고객이다. 앞서 얘기한 근거리 유입 고객이 여기에 해당한다.

이 기준은 초기 상담 전략을 설계하는 데 가장 유용한데, 단계적 질문을 통해 상담 전략을 설계할 수 있다.

1단계. 고객 문제 인식에 대한 질문

고객의 온도를 가장 먼저 가늠하는 기준은 문제 인식 수준이다. 이를 위해 반드시 필요한 것이 개방형 질문이다. "통증이 있으세요?"와 같은 질문은 "네/아니오"로 대화가 끝난다. 반면, "최근에 잇몸이 어떻게 불편하셨나요?"라는 질문은 고객이 자신의 경험과 감정, 불편을 스스로 말하게 만든다. "어디가 가장 불편하다고 느끼세요?", "이 상태가 계속되면 어떤 점이 가장 걱정되세요?", "식사하시면서 가장 불편한 순간은 언제인가요?" 등이 고객의 문제 인식을 알아보는 핵심 질문들이다. 이에 대한 답변이 구체적이고 감정이 실릴수록 고객은 자신의 문제를 명확하게 인식하고 있는 상태다. 반대로 "그냥 좀 불편해요", "잘 모르겠어요"라는 답이 많다면 아직 문제 인식이 낮은, 차가운 고객에 가깝다.

2단계. 문제 해결 의지에 대한 질문

문제를 인식했다고 해서 곧바로 행동으로 이어지지는 않는다. 다음으로 확인해야 할 것은 이 문제를 해결하려는 의지가 있는가이다. "혹시 다른 병원도 알아보셨나요?", "치료는 언제쯤 받는 걸로 생각하고 계세요?", "지금 불편한 것만 치료받고 싶으세요, 아님 오신 김에 전체 검진을 받고 싶으세요?" 등이다. 이런 질문에 "여기저기 알아보고 있어요", "가능하면 빨리 하고 싶어요", "전체 다 검진 받아보고 싶어요"라는 답이 나온다면, 고객은 이미 해결 의지가 형성된 상태, 즉 따뜻한(Warm) 혹은 뜨거운(Hot) 고객에 해당한다.

반대로 "아직 잘 모르겠어요", "좀 더 생각해 보려고요"라는 답이 나온다면, 이 고객은 문제를 인식하고는 있지만 문제를 해결할 준비가 되지 않은 상태, 즉 차가운(Cold) 고객에 해당한다. 이런 고객에게 즉각적인 치료 결정을 요구하면 부담스러워할 수 있다. 따라서 이때의 상담 목적은 설득이 아니라 이해를 돕고, 결정을 재촉하지 말고 신뢰를 쌓아야 한다.

3단계. 우리 병원에 대한 인식 질문

같은 문제와 같은 해결 의지를 가진 고객이라도 병원 인식 수준에 따라 상담 동의율은 크게 달라진다. "저희 병원은 어떻게 알게 되셨어요?", "치료 전에 미리 보신 정보가 있으셨을까요?", "지인 추천으로 오셨다면, 어떤 이야기를 들으셨나요?"라는 질문에 "리뷰 보고 왔어요", "소개받고 왔어요"라는 답은 이미 브랜드 인식이 형성된 상태, 즉 뜨거운 고객이다.

반면, "지나다가 보여서요", "그냥 가까워서 왔어요"라면 아직 병원에 대한 신뢰가 거의 없는 차가운 고객에 가깝다. 이 단계에서 상담자는 치료 설명이 아니라 병원 선택 이유를 제시해야 한다. 특히 문제도 알고 해결 의지도 있는데 병원 정보가 부족한, 따뜻한 고객에게는 '왜 이 병원이어야 하는가'에 대한 차별화된 진료 철학과 설계 기준이 반드시 제시되어야 한다.

4단계. 고객이 기대하는 변화와 목표에 대한 질문

고객의 기대는 상담의 마지막이자 치료를 결정하는 가장 강력한 전환 포인트가 된다. 사람은 현재의 불편함보다 미래의 변화에 대한 기대에 더 크게 움직인다. 이를 확인하는 질문은 "치료가 끝나면 어떤 점이 가장 달라졌으면 좋겠어요?", "지금 상태를 100점 만점으로 본다면 몇 점쯤 되실까요?", "그 점수를 올리려면 어떤 점이 가장 먼저 바뀌어야 할까요?" 등이다. 이런 질문은 고객 스스로 '나는 이 상태를 바꾸고 싶어 하는구나'라는 생각을 하게끔 일깨워준다.

이후에는 선택을 상상하게 하는 질문이 이어져야 한다. "만약 이 상태를 지금 바꾸지 않으면, 어떤 문제가 계속될 것 같으세요?", "지금 시작하신다면, 어떤 점이 가장 기대되세요?" 등의 질문인데, 이 과정을 통해 상담자는 고객의 걱정과 기대를 동시에 구체화할 수 있다. 이 지점이 바로 치료 제안의 정확한 포인트가 된다. "시린 증상은 70% 개선을 목표로 합니다", "치주 치료의 목표는 치아를 5년 이상 더 사용하는 것입니다"처럼 기대치를 수치로 환산하여 치료 목표를 함께 잡을 수 있다.

목표를 구체화할수록 고객의 기대는 조절되고, 치료 만족도는 높아진다. 실제로 이렇게 목표를 설정하는 상담을 적용한 치과에서는 치료 종결률이 20~30% 이상 더 높게 나타난다.

- 고객은 자신의 문제를 알고 있는가?
- 그 문제를 해결하고자 하는 의지가 있는가?
- 우리 병원에 대해 얼마나 알고 있는가?
- 치료를 통해 무엇을 기대하는가?

상담은 고객이 스스로 문제를 인식하고, 스스로 결정을 내리도록 돕는 설계의 과정이다. 좋은 질문은 진료의 관점을 바꾸고, 고객의 선택을 앞당기며, 결국 병원의 성장을 만든다. 상담자가 질문의 힘을 믿고 훈련하는 순간, 병원은 더 많은 신뢰와 충성 고객을 얻게 된다.

본 상담 : 병원 상담자의 선택설계 상담법

대개 병원 상담자들에게는 한 가지 공통점이 있었다. 바로 의사의 치료계획을 거의 그대로 반복 설명한 뒤, 고객에게 선택을 맡긴다는 점이었다. 하지만 고객마다 지적 수준도, 치료에 대한 가치관도 제각각이다. 모든 고객에게 동일한 방식으로 설명하는 상담자 앞에서, 고객은 머릿속의 걱정이나 고민을 해결할 방법이 없다.

상담자는 단순히 원장의 설명을 전달하는 메신저가 아니라, 고객의 결정을 돕는 '선택설계자(Choice Architect)'가 되어야 한다. 선택설계자란 고객을 설득하는 사람이 아니라, 고객이 자신의 상황에 맞는 선택을 스스로 내릴 수 있도록 결정의 순서와 기준, 비교 구조를 설계하는 사람을 말한다.

선택설계(Choice Architecture)는 세계적인 베스트셀러 《넛지》에서 소개된 개념으로, 사람들은 기본값(Default)을 따르는 경향이 있으며, 복잡한 상황에서는 본능적으로 가장 저항이 적은 경로를 선택한다는 행동경제학 이론에 기반한다. 나는 이 개념을 병원 상담 현장에 맞게 재구성해 선택설계 상담법으로 고안했고, 실제 컨설팅에 적용한 병원들에서 놀라운 변화를 확인할 수 있었다.

선택설계 상담 방식에서는 상담자가 고객의 이해 수준과 반응을 파악한 후, 고객이 쉽게 '최선의 결정'을 내릴 수 있도록 상담의 흐름을 설계한다. 핵심은 원장의 치료계획을 '고객의 언어'로 다시 구성해 설명하고, 고객이 혼란 없이 가장 합리적인 선택을 할 수 있도록 기본 옵션을 명쾌하게 제시하는 것이다. 고객들은 의료 지식이 부족하기 때문에, 어떤 선택이 더 나은지 스스로 판단하기 어렵다. 옵션이 많을수록 오히려 아무 결정도 내리지 못할 수 있다. 이때 상담자는 가장 좋은 치료 방향을 '기본값'으로 제안하고, 다른 선택지도 명확하고 부드럽게 안내함으로써 고객의 신뢰와 만족도를 높일 수 있다.

1단계. 고객의 우선순위 파악, 옵션 2~3개 설명

앞서 소개한 라미네이트를 희망하는 고객 사례로 상담법을 알아보자. 고객이 온라인에서 라미네이트 정보를 알아보고 병원에 왔지만, 사실 그의 치아 배열이 좋지 않았다. 이럴 때는 진단 후 세 가지의 치료계획을 설명할 수 있다. 각각의 사례와 상담 자료가 준비되어 있으면 더욱 좋다.

선택설계 상담 1단계 예시

- **A안** : 교정 + 라미네이트 → 자연스러운 결과와 장기적 안정성이 장점, 단점은 시간 소요.
- **B안** : 최소 교정 + 라미네이트 → 부분 개선으로 비교적 자연스럽지만, 교정 기간이 필요하고 교정 결과에 따라 라미네이트 계획을 재논의할 수 있음.
- **C안** : 라미네이트만 진행 → 가장 빠른 시술이나 치아 배열 문제를 보완하기에 한계가 있어 심미적 만족도가 낮을 수 있음.

원장의 진단 후 상담하는 상담자는 "원장님 설명 들으시고 치료에 대해 생각하시는 부분이 있으실까요?"라는 질문을 통해 고객의 표정과 감정을 관찰하고, 궁금한 점을 먼저 풀어준다. 고객이 "치료가 오래 걸리나요?"라고 묻는다면, 이 고객은 시간을 중요하게 생각하는 유형이다.

2단계. 짧고 명확하게 핵심 제안

고객에게 제안할 때 PREP 기법이 효과적이다. PREP 기법은 설득력 있는 커뮤니케이션을 위한 말하기 구조로, 네 가지로 구성된다. P(Point)는 핵심 주장, R(Reason)은 논리적 이유, E(Example)는 구체적 사례와 근거, P(Point)는 주장의 재강조이다. 이 구조는 메시지를 명확하고 설득력 있게 전달할 수 있어, 상담·제안·설명 등 다양한 상황에 효과적으로 활용되고 있다. 앞선 예시로 고객에게 교정과 라미네이트를 함께 권할 때 PREP 기법을 다음과 같이 적용할 수 있다.

PREP 기반 라미네이트 상담 예시

- **P(주장)** : "최적의 결과를 원하신다면, 교정과 라미네이트를 함께 하시는 걸 추천드립니다."
- **R(이유)** : "왜냐하면 현재 고객님의 치아 배열은 개선이 필요한 상태이기 때문입니다."
- **E(근거)** : "비슷한 상태의 고객님도 이 방법을 선택하셨고, 치료 후 오랜 시간 동안 추가 시술 없이 자연스러운 미소를 유지하고 계십니다."
- **P(주장 반복)** : "그래서 고객님께도 이 치료 방향이 가장 이상적이라고 판단됩니다."

3단계. 고객의 선택 유도

이 단계에서는 고객이 스스로 선택했다고 느끼게 만들어야 한다. 상담자는 직접 강요하지 않고, 고객의 심리적 부담을 줄이며 결정을 돕는다.

"시간이 오래 걸리는 것이 고민이시면, 부분 교정 후 라미네이트도 좋은 대안이 될 수 있습니다. 어떤 방향이 고객님의 기대에 더 가까우신가요?"

이처럼 질문을 던지면 고객은 '한다 vs. 안 한다'가 아니라 '어떤 방식을 택할까'라는 좁혀진 선택 안에서 결정을 내리게 된다.

상담 클로징 : 동의율을 끌어올리는 결정적 한마디

"생각해 보고 오시겠어요?"

얼마 전 컨설팅을 진행했던 한 치과의 5년 차 치과위생사가 고객 상담을 마무리하며 사용한 클로징 멘트다. 하지만 사실 이 말은 상담자가 스스로 동의율을 낮추는 대표적인 멘트이기도 하다. 고객이 "생각해 볼게요"라고 말하는 것은 치료를 보류하겠다는 의미인데, 그 말을 상담자가 먼저 꺼낸다면 결정의 책임을 고스란히 고객에게 넘기는 꼴이 된다.

해당 치과위생사는 팀장 직책을 맡고 있었지만, 상담 동의율은 40%대에 머물렀다. 사실 클로징만 잘해도 동의율은 10% 이상 끌어올릴 수 있다. 왜냐하면 상담의 마지막 10%가 전체 성패를 좌우하기 때문이다. 아무리 좋은 설명을 했더라도, 마지막 한마디가 미흡하면 고객은 "생각해 볼게요"라고 말하며 돌아선다.

상담 클로징의 핵심은 타이밍이다. 아직 고객의 마음이 전혀 기울지 않은 상태에서 성급하게 클로징을 시도하거나, 반대로 결정의 순간을 오래 놓친 뒤에 클로징 멘트를 던지면 효과가 거의 없다. 중요한 것은 고객이 마음속으로 할까, 말까를 고민하는 순간을 포착하는 것이다. 이때는 단순히 정보를 반복하기보다 지금 결정할 이유를 만들어 주는 것이 필요하다.

많은 사람들이 치과에 가야 한다는 사실을 알면서도 아직 아프지 않다며 치료를 미루곤 한다. 하지만 치료를 미루는 것은 더 큰 손해로 이어질 수 있다. 심리학에서는 사람들이 얻는 이익보다 잃을 위험에 더 민감하게 반응한다고 한다. 이를 손실 회피 효과라고 한다. 홈쇼핑에서 '오늘만 최대 30% 할인!', '한정 수량, 놓치면 끝!'과 같은 문구가 자주 사용되는 것도 같은 원리다.

병원 상담에서도 이 원칙을 적용할 수 있다. 예를 들어 이렇게 말할 수 있다.

"지금 치료하시면 간단한 보철로 끝날 수 있습니다. 하지만 미루시면 치아 뿌리까지 손상이 커져서 신경치료나 발치가 필요할 수도 있어요. 치료 범위와 비용이 훨씬 커질 수 있습니다."

이렇게 설명하면 고객은 지금 하면 이득이라는 생각보다, 지금 안 하면 손해라는 인식이 더 강하게 자리 잡는다. 여기에 "오늘 결정하시면 검진 비용은 추가로 발생하지 않습니다"처럼 '지금', '오늘', '바로'라는 시간적 표현과 작은 혜택을 결합하면 결정을 촉진하는 힘은 훨씬 커진다.

상담 클로징에서 가장 피해야 할 질문이 있다. "치료하실래요, 말래요?"다. 이렇게 묻는 순간 고객은 주저하게 된다. 선택은 '할까, 말까'의 고민이 아니라, "A로 할까요, B로 할까요?"처럼 이미 치료를 하기로 전제된 상태에서 구체적 옵션을 고르게 만들어야 한다. 앞서 언급했듯이 이중 선택 기법을 사용하는 것이다. 예를 들어, "이번 주에 예약할까요, 다음 주에 예약할까요?"처럼 두 가지 선택지를 제시하는 것이 가장 효과적이다. 하나만 제시하면 강요처럼 느껴지고, 세 가지 이상이면 오히려 고민이 깊어지기 때문이다.

고객이 한 가지를 선택했다면, 반드시 다음 행동까지 자연스럽게 이어야 한다. "네, 바로 진료 받으실 수 있게 준비해 드리겠습니다" 혹은 "좋습니다, 바로 예약 잡아드릴게요", "가능한 시간은 오후 2시와 5시가 있습니다. 어떤 시간이 편하실까요?"처럼 흐름을 이어주면 고객은 고민할 틈 없이 자연스럽게 행동하게 된다.

상담자가 선택 유도에 실패하면 고객은 "다른 곳에서 상담 받아보고 오겠다"고 말한다. 이때 대부분의 상담자는 "네, 천천히 생각해보시고 연락 주세요"라고 하는데, 이렇게 끝내면 고객이 다시 돌아올 가능성은 극히 낮다. 하루, 이틀만 지나도 우리 병원에서 상담받았다는 사실조차 흐려지기 때문이다. 따라서 보류 고객에게는 후속 상담 예약을 남겨두는 것이 효과적이다.

"물론이죠. 다른 병원과 비교해 보시는 것도 중요합니다. 그런데 오늘 상담드린 치료계획 중에서 가장 관심 있으셨던 부분은 어떤 거였나요?" (고객의 답변 후)

"그 부분을 다른 병원과 비교하실 때 꼭 확인해 보시면 좋겠습니다. 제가 내일이나 모레쯤 다시 연락드려도 괜찮을까요? 그때 추가 질문이나 비교 결과에 대해 의견 나눠보면 좋겠습니다."

이렇게 후속 대화를 약속해 두면, 단순히 놓친 고객이 아니라 관리되는 고객으로 전환할 수 있다.

상담 클로징 단계에서 고객이 상담에 대한 좋은 인상을 표현했다면, 단순히 "감사합니다"로 끝내지 말아야 한다. 사람은 본능적으로 자기 생각을 뒷받침하는 정보만 받아들이려는 확증 편향 성향이 있다. 즉, 처음 느낀 긍정적 인상을 강화해 주면 고객은 자기 선택이 옳다는 믿음을 굳건히 갖게 된다. 예를 들어 이렇게 말할 수 있다.

"○○님께서 병원 분위기나 상담 방식이 마음에 드신다고 하셨죠? 결정해 주신 만큼 치료 과정에서도 편안한 경험을 드리기 위해 최선을 다하겠습니다."

한 걸음 더 나아가, 미래에 대한 기대감을 심어주는 것도 좋다.

"○○님 치료가 끝난 후 환하게 웃으시는 모습을 꼭 보고 싶습니다. 함께 좋은 결과 만들어가요."

이런 멘트는 상담을 현재에서 끝내지 않고 미래로 확장시켜, 고객이 병원에 대해 긍정적인 감정을 오래 유지하도록 돕는다.

상담 클로징은 고객의 결정과 행동을 이끌어내는 마지막 관문이다. 고객에게 "생각해 보세요"라고 책임을 넘기지 말고, 지금 결정해야 하는 이유를 설계해야 한다. 만약 고객이 당장 결정을 내리지 못했다면, 후속 대화의 기회를 반드시 남겨두어야 한다. 마지막으로, 긍정적인 인상과 미래 기대감을 강화해 고객이 스스로 "이 병원을 잘 선택했다"는 확신을 가질 수 있도록 도와야 한다.

06

[5단계] 진료 : 불안을
신뢰로 바꾸는 법

처음 치과에 입사해서 사랑니 발치 어시스트를 할 때였다. 원장님이 마취를 할 때 그 옆에서 나는 늘 "조금 따끔합니다"라고 말했다. 언제나 하던 안내 멘트, 익숙하고 건조한 말투. 하지만 내가 직접 고객이 되어보니, 그 말이 너무 무심하게 들렸다. 발치가 시작될 땐 턱을 세게 누르는 힘이 느껴졌고, 그때 치과위생사가 턱을 받쳐주는 순간 두려움에 뭐든 움켜잡고 싶었다. 몸이 자꾸 긴장되니 담요나 쿠션이 절실했는데 추워서가 아니라 내 불안함을 가라앉히는 데 도움이 될 도구가 필요해서였다. 사랑니를 뽑고 난 후 3일 동안은 약으로도 통증이 가라앉지 않았고, 붓기와 멍든 볼은 남은 치료에 대한 두려움을 자극했다.

이후 사랑니 발치 고객을 볼 때 그때의 나를 떠올렸다. "좀 따끔합니다" 대신 실제 어떤 느낌인지 직접 겪은 감각을 풀어 설명했다. 매뉴얼을 통해 주의사항을 기계적으로 전하는 게 아니라, 내가 겪었던 경험으로 안내했다. 그랬더니 달라졌다. 고객들이 고맙다고 말했고, 표정이 한층 부드러워졌다. 그리고 고객들이 다른 고객에게 나를 소개하기 시작했다. 내가 상담한 고객의 상담 동의율은 90%를 넘었다. 그때 깨달았다. 기획도, 진료도, 문제 해결도, 시작은 '상대방의 마음을 읽는 것'이라는 사실을.

입장을 바꿔보니 비로소 알게 된 것들

그렇다면 상대방의 마음을 잘 읽으려면 어떻게 해야 할까? 가장 좋은 방법은 직접 경험해 보는 것이다. 나의 사랑니 발치 경험처럼. 얼마 전, 컨설팅 중인 병원의 콜센터 코디네이터와 이야기를 나눴다. 그녀는 턱관절 치료를 받기 위해 치과 고객으로서 병원 시스템을 경험했다. 진료 체어에 누워 있다가, 우연히 천장을 올려다봤는데 조명 옆 틈에 금이 가 있는 걸 발견했다. 담당 실장에게 말하자 "그걸 어떻게 봤냐"며 놀라면서 곧바로 수리를 결정했다. 병원 내부에서 일할 때는 절대 보이지 않던 틈이었다. 고객의 시선이었기에 볼 수 있었던 장면이었다. 이후 그녀는 고객의 시선으로 더 많은 것을 보기 시작했다.

"이 문제는 해결해야 하지 않을까요? 고객 입장에서 보면 이 부분이 불편할 것 같아요."

이렇게 말할 수 있는 직원, 문제를 발견하고 개선하려는 의지를 가진 직원, 모든 것을 당연하게 보지 않고 다르게 볼 줄 아는 직원, 당연함 속에서 다른 질문을 던지는 직원. 이런 직원이 목소리를 낼 수 있는 조직 문화야말로 성공하는 병원의 열쇠다. 모든 행동의 결과는 문제를 바라보는 관점에 따라 달라진다. 세상은 자기가 서 있는 위치만큼만 보인다. 우물 안 개구리라는 말처럼 사람은 자신이 있는 공간, 자신이 가진 경험을 바탕으로 판단하게 된다. 한 내과 원장은 직접 수면 내시경을 받아보았다. 검사 전 금식, 약 복용, 대장 세척 과정까지 모두 경험하고 나서 다음 날 고객에게 이렇게 말했다.

"저도 최근에 받아봤는데, 이 약을 드시는 시간이 새벽이라 많이 피곤하실 수 있어요. 내일은 검사 후 잠깐 쉬실 수 있게 도와드릴게요."

이 말은 매뉴얼이 아닌, 실제 경험에서 나온 공감의 말이었다. 진짜 공감은 단순히 매뉴얼을 잘 적용하는 것이 아니라, 그 상황을 진짜 겪어본 사람만이 할 수 있는 언어에서 나온다. 우리는 종종 말한다. 고객의 마음을 잘 안다고, 우리 시스템은 괜찮다고, 고객이 너무 예민해서 그런 거라고. 하지만 정말 그럴까? 직접 고객처럼 예약하고, 기다리고, 진료받고, 수납해 본다면 그동안 몰랐던 작은 불편, 애매한 흐름, 기분이 상하는 순간들이 보이기 시작할 것이다.

그동안 고객의 마음을 정확히 짐작하기 어려웠다면 고객 체험 활동을 해볼 것을 권한다. 고객 체험(Customer Walkthrough)은 의료진이나 병원 직원들이 고객의 입장이 되어 병원을 처음부터 끝까지 체험해 보는 활동이다. 검색부터 예약, 내원과 대기, 진료와 수납, 퇴실 후 사후 관리, 이 모든 여정을 고객의 감정 흐름에 집중해 경험해 보는 것이다. 고객을 이해한다는 건 단지 고객 중심이라는 말을 반복하는 게 아니라 고객의 언어로 생각하고, 고객의 동선으로 움직이며, 고객의 감정으로 시스템을 설계하는 것이다. 실제로 이런 고객 체험을 시도하는 병원들이 늘고 있다.

예를 들어 '우리가 고객이 되어보는 날'이라는 이름으로 전 직원이 고객 역할을 맡아 병원 시스템을 체험한다. 신규 고객, 고령 고객, 보호자, 외국인 고객 등 역할을 나눠 고객 여정맵에 포스트잇을 붙이며 불편했던 점, 당황했던 순간, 좋았던 경험을 공유한다. 그 후 가장 우선순위의 문제를 도출하고 실행 가능한 개선안을 프로젝트로 전환한다. 어떤 병원은 신입 의료진의 수습 기간에 고객 체험 기간을 반드시 포함시킨다. 병원의 시스템에 익숙해지기 전에 고객의 시선을 심어주기 위해서다.

고객을 이해한다는 것, 이는 결국 내가 고객이었을 때를 잊지 않는 것이다. 고객의 시선으로 문제를 보고, 고객의 마음으로 설계할 때 병원은 단순한 치료의 공간을 넘어 신뢰와 공감의 공간이 될 수 있다.

불안을 줄이는 진료실 소통법

사람은 언제 불안을 느낄까? 첫 번째는 미래를 예측할 수 없을 때이다. 어떤 진료가 진행될지, 얼마나 아플지, 내가 잘 참아낼 수 있을지 등등 병원 진료는 예측 불가능한 환경이기 때문에 불안을 쉽게 유발한다.

두 번째는 상황을 통제할 수 없다고 느낄 때이다. 사람은 자신이 통제할 수 없는 상황에 놓이면 불안을 느낀다. 진료실 체어에 누워 있을 때 벌린 입으로 뭔가가 들어오고, 누군가 내 몸을 움직이고 있는데, 내가 아무것도 할 수 없다는 자각이 불안을 크게 만든다.

세 번째는 정보가 부족할 때이다. 모르면 불안하다. 특히 병원에서는 치료를 설명하는 용어가 어렵고 과정이 생소해서 정보의 공백을 상상으로 메우게 된다. 치료가 얼마나 아플지 모르니까 엄청 아플 거라고 지레짐작하게 된다.

마지막 네 번째는 과거의 부정적인 경험이다. 이전 병원 경험에서 통증, 무례한 대응, 설명 부족 등을 겪었다면 비슷한 상황에 다시 놓이는 것만으로도 불안이 재발한다.

그렇다면 불안은 어떻게 줄일 수 있을까? 심리학 연구에 따르면, 신체는 불안을 느끼는 순간 긴장 호르몬(코르티솔, 아드레날린 등)을 분비한다. 그 결과 같은 자극도 더 강한 통증으로 인식하게 된다. 예를 들어 "조금 따끔할 수 있습니다"라는 설명이 없는 주사는 훨씬 더 아프게 느껴질 수 있다. 불안한 고객은 몸에 힘을 주고, 작은 자극에도 과민하게 반응한다.

반면에 마음이 안정되면 불필요한 긴장이 줄어들고 치료 협조도가 자연스럽게 높아진다. 따라서 치료 협조도를 높이고, 긍정적인 경험을 통해 재내원을 늘리려면 고객의 불안을 줄이는 진료 소통이 필수적이다. 불안을 줄이는 진료 소통은 '사전 예고, 단계별 안내, 긍정 마무리'의 세 단계로 진행된다.

치료 전 : 사전 예고

고객은 치료를 시작하기 전부터 긴장한다. 이때 짧은 안내가 심리적 안전망이 된다.

- **사전 안내** : "오늘은 ○○ 치료를 진행하고, 예상 소요시간은 약 ○분입니다."
- **절차 예고** : "어떤 순서로 진행될지 미리 설명드리겠습니다."
- **안심 표현** : "혹시 중간에 불편하시면 바로 말씀해 주세요."

치료 중 : 단계별 안내

진료와 치료가 이어지는 동안 고객은 눈을 감고 있거나 상황을 모르는 경우가 많다. 현재 무엇을 하고 있는지, 앞으로 어떤 느낌이 있을지 알려주는 것만으로 불안이 줄어든다. "이제 약간 시린 느낌이 있을 수 있지만 금방 지나갑니다", "따끔할 수 있지만 3초만 참으시면 됩니다" 등처럼 단계마다 세심한 설명을 해준다.

치료 후 : 긍정 마무리

치료가 끝난 순간, 고객은 잘 끝났을지 의문을 갖는다. 이때 긍정적인 마무리는 다음 내원에 대한 신뢰로 이어진다.

- 오늘 치료 내용을 짧게 요약해 설명하기
- 치료 중 고객이 잘 협조한 부분을 칭찬하기
- 다음 진료계획과 주의사항을 간결하게 안내하기

불안을 없애는 것이 목표가 아니라, 불안을 인정하고 함께 다루는 것이 고객의 신뢰를 만드는 길이다. 오늘 한 명의 고객에게 불안을 줄여주기 위한 말 한마디를 건네는 것, 그것이 병원 진료 철학의 실천이다.

07

[6단계] 수납 및 예약 :
다음을 만드는 순간

수납 및 예약 응대는 단순한 절차가 아니라 브랜드 신뢰를 결정 짓는 장치 중 하나이다. 이 두 가지를 잘해야 신규 고객이 재진 고객으로 이어질 수 있다. 병원의 성장은 신규 고객 유입보다 재방문 고객 관리에 더 크게 좌우된다. 신규 고객을 유치하려면 광고비와 마케팅 비용이 들어가지만, 재방문 고객은 충성도가 있어 추가 비용 없이 지속적인 매출을 만들어낸다. 특히 병원 진료는 단계별 치료가 이어져야 효과가 있는 경우가 많아 고객이 재방문하겠다는 마음을 갖게 하는 게 중요하다.

가장 좋은 고객 확보 방법은 고객 스스로 병원과 관계를 맺게 하는 것이다. 예약을 잡는 순간, 고객은 마음속으로 '이 병원에 다시 올 거야'라는 약속을 한다. 이는 인지적 구속력(Cognitive Commitment)을 만들어 다른 병원으로 이탈할 가능성을 낮춘다. 수납과 예약 시 응대가 매끄럽지 않으면 치료가 중단되거나 고객이 다른 병원으로 떠날 수 있다.

정확성과 친절로 신뢰를 얻어내는 수납 응대

아무리 진료가 좋았더라도 수납 과정에서 실수가 발생하면 신뢰는 단번에 무너진다. 안내된 금액과 실제 청구 금액이 다르거나 보험 적용 여부에서 혼선이 생기면 고객은 곧바로 불신을 갖는다. 금액 문제는 그만큼 민감하기에 작은 착오조차 크게 와 닿는다. 또한 무표정한 응대나 불친절한 말투 역시 '이 병원은 나를 돈으로만 본다'는 인상을 남기기 쉽다. 그렇기에 수납 응대에서 가장 중요한 가치는 정확성과 친절이다.

정확성을 확보하기 위해서는 더블 체크 시스템이 필요하다. 상담자는 상담한 내용을 기록하고 정확한 수납 계획을 작성해야 하며, 그 안에는 전체 금액에 포함되는 치료 내역, 배려해 준 비용, 할인 이유, 수납 시점까지 명확히 기재되어야 한다. 누구라도 쉽게 이해할 수 있을 정도로 단순명료해야 한다는 뜻이다. 특히 첫 진료비 수납은 상담자가 다시 한번 계획을 설명하며 직접 받는 것이 좋다. 이후 상담자는 고객이 보는 앞에서 데스크 담당 직원에게 수납을 인계함으로써 신뢰를 더욱 높일 수 있다.

수납 과정에서 반드시 지켜야 할 것은 명확한 금액 안내다. 결제 전에 "오늘 진료비는 〇〇 원입니다"라고 분명하게 알리는 것은 기본 중의 기본이다. 반대로 모호한 설명이나 갑작스러운 추가금은 고객의 신뢰를 즉시 무너뜨린다. 더 나아가 직원마다 비용이나 보험 적용을 다르게 설명한다면 고객은 혼란을 느끼고 곧 불신으로 이어진다. 이를 방지하려면 병원 내부에서 표준 안내 문구를 제작해 모든 직원이 동일한 언어로 안내하도록 하는 것이 바람직하다. 결제 방식도 고객 심리에 큰 영향을 준다. 치과의 경우 후불이나 분할 지불을 두고 실랑이가 생기는 경우가 있다. 이를 예방하기 위해서는 치료 전 결제 내용을 설명한 후 동의를 받고, 수납 일정에 맞게 반드시 사전 안내를 해야 한다.

고객은 수납 관련 경험을 예민하게 기억하기 때문에, 안내가 누락되거나 담당자가 바뀌면서 약속이 지켜지지 않으면 불만과 컴플레인으로 이어지기 쉽다. 치료비를 지불하는 순간 고객은 돈이 줄었다는 손실감을 강하게 인식한다. 이 때문에 지불은 즐거움보다 고통으로 다가온다. 따라서 중장기 계획을 세우는 치료에 대해서는 지불 횟수를 최소화하고 지불을 통해 얻는 가치를 강조해야 한다. 예컨대 "이 치료는 재발률을 낮추고 장기적인 비용을 줄입니다"라는 설명은 고객이 비용을 정당화하고 합리적인 선택을 했다는 안도감을 갖게 한다. 반대로 설명이 부족하면 너무 비싸다는 불만으로 이어진다.

수납 응대에서 태도 또한 매우 중요하다. 무뚝뚝하거나 불친절한 결제 과정은 좋은 진료 경험마저 부정적으로 덮어버린다. 반면 "오늘 치료 잘 받으셨습니다. 빠른 회복 되시길 바랍니다"와 같은 짧은 배웅 멘트는 지불의 고통을 완화하고 만족감을 강화한다.

만약 불만 상황이 발생한다면 즉시 대응하는 태도가 필요하다. "제가 바로 원장님/담당자에게 확인해 드리겠습니다"라는 말은 신뢰를 유지하는 핵심이다. 확인을 지연하거나 모호하게 넘기면 신뢰가 빠르게 무너지지만, 신속하고 책임감 있는 대응은 신뢰를 강화하는 기회가 될 수 있다.

수납은 단순한 금전 거래가 아니라, 고객의 마지막 경험이다. 앞서 모든 절차에서 좋은 인상을 주었더라도 이 단계에서 실수하면 쉽게 무너진다. 따라서 수납 응대는 단순한 행정 절차가 아니라, 브랜드 신뢰를 완성하는 서비스라는 인식이 반드시 필요하다.

재방문을 이끄는 예약 응대

얼마 전 한 치과에서 있었던 사례다. 코디네이터가 예약 응대를 하던 중, 고객이 큰소리로 불만을 표출했다. 코디네이터 입장에서는 빡빡한 일정 속에서 어렵게 예약을 잡았다는 사실을 말한 것뿐인데, 고객의 감정은 달랐다.

"이미 예약이 다 차 있어서 안 되는데, 제가 특별히 예약을 잡아 드린 거예요. 다음부터는 이렇게 안 될 거예요."

"나는 아파서 치료받으러 왔는데, 미안해 하면서 예약을 해야 하나요? 다음에는 오지 말라는 뜻인가요?"

이 순간 고객은 재방문을 포기할 결정을 내리게 된다. 문제의 본질은 무엇일까? 바로 고객과 코디네이터의 관점의 차이다. 고객은 통증이나 불편을 해소하기 위해 병원을 찾는다. 예약은 단순한 일정이 아니라 건강 문제 해결의 출발점이다. 고객은 병원이 당연히 자신의 상황을 배려해 줄 것이라고 기대한다.

그런데 이미 예약이 다 찼는데 특별히 해드린다는 표현은, 배려가 아니라 자신을 민폐를 끼친 존재라고 한 것 같아 불편하다. 더 나아가 다음에는 안 된다는 말은, 이 병원이 나의 아픔보다 시스템을 우선시한다는 소외감과 서운함으로 이어진다.

반면 코디네이터는 가득 찬 일정에서 억지로 시간을 만들어냈다는 점에서 스스로 배려했다고 인식한다. 하지만 고객이 불만을 드러내자 '배려해 줬는데 왜 고마워하지 않지?'라는 억울함이 생긴다. 같은 상황에서도 고객은 거절당했다고, 코디네이터는 배려가 무시당했다고 받아들이는 것이다.

이런 상황에서 중요한 것은 표현 방식의 전환이다. 고객 입장으로 언어를 바꿔보면 어떨까? "예약이 다 찼는데 제가 특별히 해드린 거예요"보다 "고객님이 불편하지 않도록 일정을 조정해 드렸습니다. 다음 방문도 잘 도와드리겠습니다"로 표현을 바꾸면, 배려의 의도가 거절이 아니라 안심과 감사로 받아들여질 것이다.

예약 응대에서 중요한 것은 편의성과 확실성이다.

“다음 치료는 ○○일쯤 받으셔야 하는데, ○○일 오후 3시나 5시 중 어떤 시간이 편하실까요?”

이처럼 구체적인 선택지를 제시하면 고객은 고민 없이 빠르게 결정을 내린다. 이후 문자·카톡 리마인드까지 연결하면, 고객은 병원이 자신을 챙겨주고 있다고 신뢰할 수 있다. 특히 치료가 이어지는 고객의 경우에는 반드시 현재 단계와 다음 단계를 설명해 주어야 한다. “2주 후에 잇몸 상태 확인을 위해 다시 뵈어야 합니다”, “이번 치료는 ○단계 중 1단계이니, 다음 진료가 이어져야 완성됩니다”처럼 다음 방문의 필요성을 명확히 말해주면, 고객은 자신이 충분히 관리를 받고 있다는 안도감을 느낀다.

비교적 간단한 안내는 진료실에서 예약까지 흐름을 끊지 않고 한번에 이어가는 것이 좋다. 예약 시에는 고객의 일정까지 충분히 고려한 뒤 확정하고, 이후에는 문자나 카톡으로 다시 안내한다. 이는 고객이 병원 시스템을 신뢰하게 만드는 장치다.

예약 과정에서 고객의 감정을 존중하고, 다음 단계를 명확히 안내하며, 편리하게 선택할 수 있도록 돕는다면 그것이 곧 병원의 브랜드 경험이 된다.

소개에서 소개로 이어지는 마무리 응대

고객은 전체 경험 중에서도 마지막 순간을 가장 강하게 기억한다. “오늘 와 주셔서 감사합니다. 다음엔 더 편안하게 도와드리겠습니다"라는 인사 한마디와 미소는, 고객의 기억을 단순한 방문이 아닌 따뜻한 경험으로 바꾼다. 이때 남은 감정이 다시 병원을 떠올리게 하고, 결국 소개로 이어진다. 소개는 혜택의 문제가 아니라, 기억에 남은 감정의 결과다.

고객이 병원에 만족했더라도, 그 경험이 감정적으로 각인되지 않으면 누구에게도 말하지 않는다. 소개는 "좋았어요" 정도의 피상적인 반응이 아니라, "여긴 뭔가 다르다"는 감정적 인상이 남아야 발생한다. 그래서 병원은 고객에게 감정의 흔적을 남겨야 한다. 예를 들어 고객이 남긴 리뷰에 병원이 직접 반응하고, "담당 선생님께도 전달해 드렸습니다. 너무 좋아하시더라고요" 같은 메시지를 보내면 고객은 감정적으로 병원과 연결된다. 나만 알고 있기 아까운 경험이 되었을 때, 소개가 자연스럽게 발생한다.

고객이 주변에 병원을 소개하도록 만드는 가장 효과적인 방법은 고객을 병원 콘텐츠의 주인공으로 만드는 것이다. 고객이 남긴 리뷰에 댓글을 달거나, 그 리뷰를 SNS나 블로그에 소개하며 고객을 콘텐츠의 주인공으로 만들면, 그는 이미 병원의 마케터가 된다. "00님 덕분에 저희 병원을 찾는 분들이 많아요", "감사한 마음을 담아 맞춤 케어 키트 드릴게요"라는 식의 피드백은 고객의 자부심을 자극하고, 병원과의 감정적 유대를 만들어낸다. 단순히 혜택이 아니라 나를 기억해 주는 병원, 내 이야기를 들어주는 병원이라는 정체성을 만들어 주는 것이다.

어느 치과의 한 여성 고객은 초진 진료 후 스케일링 예약을 잡지 않고 돌아갔다. 그런데 그 치과 실장은 치료 후 고객을 생각하며 이런 문자를 보낸다.

"○○님, 오늘 고생 많으셨습니다. 말씀하신 이가 시릴 수 있습니다. 시린 증상은 길게는 1주일 정도 지속되다가 서서히 괜찮아지는 경우가 더 많습니다. 이 기간 동안에는 불편할 수 있으니 얼음물은 1주일간 피해주세요. 혹시 불편한 점 있으시면 언제든 편히 연락해주세요!"

이 메시지는 단순한 안내였지만, 고객의 말 한마디를 기억하고, 그 사람만을 위한 언어로 보낸 문자였다. 며칠 뒤 고객은 남편을 데리고 다시 내원했다.

"제가 받은 문자를 보고 남편한테 여기 꼭 같이 가보자고 했어요. 병원이 날 기억해 주고 신경 써주신 느낌이 들었거든요."

여기서 핵심은 무엇일까? 바로 디테일이다. 작고 세심한 표현들이 고객의 마음에 남는 건, 병원이 자신을 진심으로 대해줬다는 감정 때문이다. 그 감정이 깊어질수록, 사람은 말하지 않고는 못 배긴다.

마무리 응대 예시

- **진료실** : "걱정 많으셨죠? 오늘은 그 걱정 덜어드리는 시간이 되었으면 해요."
- **수납** : "○○님은 스케일링보다 잇몸 관리 쪽이 중요하셔서, 다음번엔 잇몸 진단 먼저 받아보시는 게 좋을 것 같아요."

- **귀가 후(문자)** : "혹시 밤에 아프시면 응급조치법 알려드릴게요. 문자 주세요."

지인을 소개하고 나면 고객이 가장 듣고 싶어 하는 말은 무엇일까? "좋은 병원 소개해 줘서 고마워"라는 피드백이다. 소개 고객이 방문했을 때 소개자에게 이렇게 말해 보자.

"○○님, 저희 병원에 소중한 지인을 소개해 주셔서 감사합니다. ○○님이 '고맙다'는 말씀 들으실 수 있게 더욱 정성껏 진료하겠습니다."

감정을 헤아리는 감사 표현은 신뢰와 재소개를 이끄는 열쇠가 된다. 소개가 많은 고객에게는 연말에 감사 선물을 보내는 것도 좋은 방법이다. 최근엔 원장이 직접 개발한 치약이나 칫솔을 선물로 보내는 병원이 늘고 있다. 실용성도 뛰어나지만, "나를 치료해 준 원장님이 직접 만든 제품을 선물로 줬다"는 감성은 고객에게 강한 인상을 남긴다. 이러한 선물은 스토리가 있는 콘텐츠가 되어 자연스럽게 소개의 소개로 이어진다.

소개는 만족의 결과가 아니라, 감동의 결과다. 소개를 만들고 싶다면 할인보다는 공감을, 보상보다는 기억을, 혜택보다는 감정을 설계하자. 좋은 경험은 잊힐 수 있지만, 좋은 감정은 공유된다. 당신의 병원을 소개하고 싶게 만드는 힘은 기술이 아니라, 감정을 남기는 순간에 있다.

08

[7단계] 만족도 체크 :
만족과 불만족은 한 끗 차이

레스토랑에서 식사를 마친 사람이 리뷰를 남길 최적의 타이밍은 언제일까. 계산을 마치고 나가는 순간이 아니라 "정말 맛있어요"라는 말이 나온 그 순간이다. 호텔 역시 체크아웃 이후보다는, 서비스에 만족해 미소를 짓는 바로 그때가 가장 자연스럽다.

병원도 마찬가지다. 고객은 처음 내원할 때 불안감을 안고 들어온다. 그런데 간단한 진료나 명확한 설명으로 불안이 해소되는 순간, 만족도가 최고조에 이른다. "생각보다 안 아팠네요", "설명이 참 친절하시네요"라는 말이 흘러나올 때가 바로 리뷰 요청 최적의 순간이다. 그때 놓치지 않고, "그 말씀을 잠깐 리뷰에도 남겨주시면 다른 분들께 큰 도움이 될 것 같아요"라고 자연스럽게 말하면 된다. 리뷰를 받는 것은 요청의 기술이 아니라, 감정의 순간을 잡아내는 예술이다.

5분 안에 리뷰를 남기게 하려면

리뷰를 유도할 때 중요한 것은 억지로 요청하는 것이 아니다. 진심에서 우러나온 반응을 자연스럽게 잡아채는 센스가 필요하다. 고객이 "정말 설명을 잘 해주시네요"라고 할 때, "그 말씀을 잠깐만 리뷰에도 남겨주시면 정말 큰 힘이 됩니다"라고 부드럽게 연결해 보자. 이 타이밍은 대부분 초진 직후, 불안을 해소한 순간 혹은 진료 만족 후다.

리뷰 작성을 위한 QR코드를 진료실이나 수납대에 비치하거나, 예약 문자를 통해 후기 링크를 보내는 것도 도움이 된다. 단, 가장 중요한 것은 타이밍이다. 리뷰란 고객의 감정이 가장 뜨거운 순간에 나오는 것이지, 계산 후 병원을 나서는 찰나에는 이미 식어버린 감정일 가능성이 크다.

리뷰를 쉽게 남길 수 있는 시스템을 갖추는 것이 중요하다. 아무리 마음이 있어도 복잡한 시스템 앞에서 고객은 포기한다. 홈페이지 회원 가입, 긴 글, 사진 첨부 등등의 과정은 대부분 그렇다. 리뷰는 클릭 한두 번이면 끝나야 한다. 대기실에서, 진료실에서 QR코드를 찍고 바로 작성할 수 있는 구조가 필요하다.

또한 리뷰를 써야 할 동기를 만들어 주어야 한다. 사람은 행동할 이유가 있을 때 움직인다. 소소한 혜택이나 포인트 적립, 감사 메시지 혹은 "○○님이 남겨주신 리뷰가 다른 고객분들에게 큰 도움이 됩니다"라는 안내만으로도 충분하다. 중요한 것은 거창한 보상이 아니라 "내가 쓴 리뷰가 의미 있다"는 인식이다.

그렇다면 어떤 채널에 연결할 것인가? 리뷰는 반드시 효과적인 채널에 쌓여야 한다. 그 대표적인 답이 바로 네이버 플레이스다. 국내에서 병원을 찾는 대부분의 고객은 네이버 검색부터 시작한다. "○○치과 리뷰", "○○피부과 잘하는 곳"을 검색하면 병원 홈페이지보다 먼저 보이는 것이 바로 네이버 리뷰다. 병원이 직접 만든 홍보 문구보다 실제 고객의 경험이 먼저 눈에 들어오니 신뢰도가 높을 수밖에 없다.

또한 네이버는 접근성이 뛰어나다. 네이버 아이디만 있으면 누구나 리뷰를 남길 수 있고, 앱에서 '리뷰 쓰기' 버튼을 누르면 바로 글과 사진을 올릴 수 있다. 병원 입장에서는 QR코드 하나만으로 현장에서 곧바로 리뷰 작성 페이지로 연결해 줄 수 있으니 안내하기도 쉽다. 무엇보다 네이버 리뷰는 신뢰성과 영향력이 크다. 검색 결과에서 곧바로 보이는 리뷰 개수와 별점은 신규 고객의 선택을 좌우한다. 게다가 네이버는 리뷰가 많고 평점이 좋은 병원을 상위에 노출한다. 검색 시 리뷰 노출은 곧 신규 고객 유입으로 이어진다.

리뷰는 신뢰를 증명하는 가장 단순하면서도 강력한 방법이다. 리뷰를 쉽게 남길 수 있는 시스템을 갖추고, 고객이 리뷰를 남길 만한 동기를 제공하면서, 감정의 최고점에서 요청해야 한다. 이러한 리뷰가 핵심 채널에 전략적으로 쌓여갈 때 비로소 진짜 자산이 된다. 광고 문구 100줄보다 고객의 진심 어린 한 줄이 더 강력하다.

불만을 충성으로 전환하는 문제 해결 시나리오

하버드 비즈니스 리뷰에 따르면, 문제가 잘 해결된 고객은 불만이 없었던 고객보다 더 높은 충성도를 보였으며, 회복 경험이 탁월할 경우 재이용과 추천 의사가 20~30% 증가했다. 이 결과는 고객이 완벽한 서비스보다 문제가 생겼을 때의 대응법을 잘 기억한다는 사실을 말해준다. 공감과 신속하고 책임감 있는 대응이 고객의 마음을 회복시키며, 진정한 서비스 경쟁력은 바로 그 회복 과정에서 갈린다. 불만 요인에 따라 회복 과정이 달라진다.

불만은 컴플레인(Complaint)과 클레임(Claim)으로 구분된다. 컴플레인은 감정적 불만으로, 공감·사과·설명으로 회복 가능하다. 클레임은 진료에 대한 불만족 보상 요구로, 사실 확인, 내부 협의, 대응 문서화, AS 등 진료 후 클레임 정책을 마련해 두는 것이 필요하다.

컴플레인과 클레임을 혼동하면 문제가 커진다. 컴플레인에 과도하게 딱딱하게 대응하면 병원은 비인간적으로 비춰지고, 클레임을 단순 감정 문제로 치부하면 법적 리스크로 번질 수 있다. 불만을 마주하는 순간의 태도와 대응 속도가, 고객을 떠나게 할지 아니면 병원의 팬으로 만들지 결정한다.

불만 고객을 다시 병원의 팬으로 전환하기 위해 가장 중요한 것은 단순한 문제 해결이 아니라 어떻게 대응하느냐에 달려 있다. 고객 불만에 감정적으로 반응하기보다는, 정확하고 따뜻한 프로세스를 기반으로 한 대응이 필요하다. 불만을 피하려는 태도보다, 문제가 생겼을 때 어떤 자세로 마주하고 어떻게 회복해 나가는지가 병원의 진정한 서비스 수준을 결정한다.

또한 대응의 목표는 단순히 고객을 달래거나 이탈을 막는 데 있지 않다. 고객의 신뢰를 회복하고, 다시 병원을 선택하게 만드는 전환점을 만드는 데 그 목적이 있다. 바로 이 지점에서 문제 해결 응대 시나리오가 필요한 이유가 명확해진다. 고객 문제 해결 시나리오는 다음 7단계로 계획할 수 있다.

1단계. 경청(Listen)

"그 상황에 대해 조금 더 구체적으로 말씀해 주실 수 있을까요?"라고 하면서 대화를 청한다. 고객이 말하는 중간에 끼어들거나 해명하지 말고, 끝까지 듣는다. 고개를 끄덕이며, 필요하다면 메모하면서 진심 어린 관심을 표현한다. 고객이 내 이야기가 존중받고 있다고 느끼면, 감정은 누그러진다.

2단계. 공감(Empathize)

"○○님 입장에서 충분히 불편하셨을 것 같아요"라면서 옳고 그름보다 먼저, 감정에 공감해 준다. 고객의 감정이 정당하다는 메시지를 먼저 전달해야, 신뢰가 회복될 수 있다.

3단계. 사과(Apologize)

"불편을 드려 진심으로 죄송합니다"라는 단순명료한 사과는 매우 중요하다. 책임 소재와 무관하게 먼저 사과한다. 그래야 고객 감정이 누그러지면서 귀가 열릴 수 있기 때문이다. 형식적인 사과는 오히려 역효과를 내므로, 말투와 표정, 목소리 톤까지 진심이 느껴져야 한다.

4단계. 사실 확인(Clarify Facts)

"앞선 진료가 예상보다 길어져 대기 시간이 지연된 상황이었습니다"라고 불만의 배경과 원인을 솔직하고 구체적으로 설명한다. 숨기거나 모호하게 말하면 신뢰가 더 크게 무너진다. 설명은 변명이 아닌, 신뢰 회복의 수단이다.

5단계. 해결책 제시(Provide Solutions)

"현재 가능한 방법으로는 세 가지가 있습니다. 어느 방향이 괜찮으실까요?"라고 고객이 선택할 수 있는 옵션을 2~3가지 제시한다. 현실적인 해결책을 마련하되, 고객의 요청이 내부 규정을 넘어설 경우 "요청하신 내용은 병원에서 직접 처리하긴 어렵지만, 의료배상보험으로 연결해 드릴 수 있습니다. 어떤 방식으로 도와드릴까요?"와 같은 방식으로 말한다. 해결이 어려운 경우에도 대안(외부 기관, 정보 안내 등)을 반드시 제공해야 한다.

6단계. 신속한 실행(Act Quickly)

"합의된 내용은 바로 처리하도록 하겠습니다"라고 말하고 빠르게 실행한다. 처리 속도는 신뢰로 직결된다. 말뿐이고 실행이 느리면 오히려 실망을 더 키우는 상황이 된다. 심리적 안도감은 해결 자체보다 즉각적인 실행에서 온다.

7단계. 감사 표현(Appreciate)

"말씀해 주셔서 감사합니다. 덕분에 저희가 더 나아질 기회를 얻었습니다"라면서 고마움을 표현한다. 불만을 말해준 고객은 여전히 병원에 기대감이 있는 고객이다. 감사 인사는 불편을 기여로 전환시켜 주는 연결고리가 된다. 이후 재방문 시 실제 개선된 모습을 보여 주는 것이 진짜 회복의 완성이다.

이러한 과정이 진행될 때, 응대자는 일관된 차분함과 정중함을 유지하고 감정적으로 대응하지 말아야 한다. 고객 감정에 공감하고, 문제를 냉정하게 해결하는 것이다. 고객이 규정이 아닌 자신만을 위한 해결을 기대하는 점을 인식해야 한다. "내부 규정상 어렵습니다"보다는 "현재 가능한 범위에서 가장 좋은 방법을 찾아보겠습니다"라고 말하는 것이 같은 해결책이라도 좋은 마음으로 받아들일 수 있을 것이다.

병원 운영에서 중요한 것은 문제없는 서비스보다 문제가 생겼을 때 어떻게 회복했는가이다. 경청, 공감, 사과, 사실 확인, 해결책 제시, 신속한 실행, 감사 표현 등 7단계의 흐름은 고객의 감정을 다독이고 신뢰를 회복하는 과정이다. 병원이 이 과정을 충실히 실천할 때, 불만은 위기가 아니라 충성 고객을 만드는 기회가 된다.

고객의 소리를 성장에 활용하는 VOC 시스템

기업은 고객의 숨겨진 불만을 발굴해 제품을 개선하고, 이를 통해 새로운 가치를 창출한다. 고객의 불만을 단순한 불평으로 여기고 무시한다면 매우 귀중한 비즈니스 기회를 스스로 놓치는 것이나 다름없다. 병원도 마찬가지다. 병원이라는 공간은 접수, 대기, 진료, 상담, 수납 등 고객과의 접점이 많고, 그만큼 불편이 발생할 가능성도 높다. 많은 병원이 이러한 순간을 문제로만 받아들이고 만다. 그러나 관점을 조금만 바꾸면, 불만은 이탈의 전조가 아닌 기대의 표현이라는 사실을 알 수 있다. 진정 기대가 없는 고객은 불만조차 말하지 않고 조용히 병원을 떠난다. 고객의 불만을 제대로 이해하지 못하면, 아무리 정교한 해결책을 마련해도 고객의 마음을 움직일 수 없다. 진정한 해결은 문제를 파악하는 데서 시작되며, 그 첫걸음은 고객의 소리(VOC; Voice of Customer)에 귀를 기울이고 모으는 일이다.

여러 병원을 컨설팅하며 VOC 시스템을 도입하려 할 때, 종종 "저희 병원은 고객 불만이 거의 없어요"라는 이야기를 듣는다. 그럴 때마다 속으로 생각한다.

'세상에 불만이 없는 병원이 있을까?'

알고 보면, 불만이 없는 게 아니라 기록되지 않는 경우가 대부분이다. 고객은 분명 불편을 겪고 있지만, 그 불편이 문서화되지 않고 사라지고 있는 것이다. 그렇다면 왜 고객의 소리가 기록되지 않을까? 혹시 직원들이 VOC의 중요성을 몰라서일까?

물론 VOC의 가치와 필요성에 대한 인식 부족도 이유일 수 있다. 그래서 나는 컨설팅 초기 단계에서 항상 VOC의 의미와 데이터로서의 가치를 설명하며 시스템 도입을 시도한다. 그러면 불만이 조금씩 기록되기 시작하는데, 그 이후가 쉽지 않다. 불만 수집이 자리를 잡고 꾸준히 이어지는 것은 또 다른 이야기이다.

병원에서 VOC가 꾸준히 수집되지 않는 이유는 기술이나 시스템 부족 때문이 아니다. 오히려 조직의 분위기와 리더의 태도가 훨씬 더 큰 영향을 미친다. 병원 직원들에게 왜 불만을 보고하지 않는지 물어보면, 대부분 "솔직히… 불만을 올렸다가 혼날까 봐요"라고 말한다. 이 한마디에 모든 상황이 응축돼 있다. 이러한 분위기에서는 아무리 좋은 VOC 시스템이 있어도, 고객의 소리는 침묵 속에 묻히고 만다.

문제는 외면한다고 사라지지 않는다. 고객의 불만이 내부에서 기록되지 않으면, 병원은 점점 현실과 멀어지게 된다. 직원들은 숨기고, 리더는 알지 못하며, 고객은 점점 지쳐간다.

불만은 반드시 고객의 언어로 기록되어야 한다. 이 데이터를 우리는 VOC라고 부른다. VOC는 단순 민원이 아닌, "우리가 무엇을 놓치고 있었는가"를 보여주는 귀중한 정보 자산이다. VOC는 다음과 같은 선순환 구조로 연결해야 한다.

VOC 시스템의 선순환 구조

불만 접수 → 데이터 수집 → 서비스 개선 →

만족도 상승 → 재방문율 증가

데이터의 진짜 가치는 단순히 모으는 것이 아니라 해석하고, 실행하고, 성과를 확인하는 것에 있다. 과거 치과 기획실장으로 재직할 당시, 고객 불만 데이터를 분석하던 중 신경치료 후 통증 관련 문의가 전년 대비 20% 증가한 것을 발견했다. 이처럼 불만 데이터는 실험과 개선의 출발점이 된다. 병원은 고객 여정 전반에서 VOC를 다양한 채널에서 수집하고 체계적으로 정리해야 한다.

VOC 수집 방법

- **카테고리화** : 대기시간 지연, 치료 후 통증, 설명 부족, 직원 태도 등
- **채널별 기록** : 전화, 카카오톡, 내원 응대, 온라인 리뷰 등
- **고객 특성 기록** : 연령대, 성별, 신규/재방문 여부 등

이렇게 정리된 VOC는 분석 가능한 정성적 데이터가 되며, 병원의 전략 수립에 중요한 근거가 된다. 모든 불만을 동시에 해결할 수는 없다. 현실적으로 병원은 시간과 자원이 제한되어 있기 때문이

다. 이때 필요한 것이 우선순위 기준에 대한 내부적 합의이다. 많은 병원에서 사용하는 기준은 다음 두 가지다.

VOC 우선순위 기준

1. 빈도가 높은 문제 : 많은 고객이 반복적으로 겪는 불편

    (ex. 예약 시스템 문제, 설명 부족, 대기시간)

2. 위험도가 큰 문제 : 발생 빈도는 낮지만, 사고로 이어질 수 있는 이슈

    (ex. 개인정보 유출, 안전사고, 의료과오 등)

우선순위가 정해졌다면, 매월 집중 과제를 선정하고 문제의 원인을 찾아 아이디어를 실행에 옮겨 성과로 만들어야 한다.

병원은 정체되지 않고 진화하는 조직이어야 한다. 모든 불만에 감정적으로 반응하거나, 모든 문제를 한꺼번에 해결하려 들면 오히려 효율을 잃는다. 그러나 고객의 불만을 체계적으로 수집·분류하고, 반복되는 문제와 시급한 문제를 구분하여 우선순위에 따라 대응한다면, 불만은 곧 신뢰와 성장의 기회가 된다. 이 한 끗 차이가 병원의 미래를 결정한다.

09

[8단계] 진료 후 관리 :
이탈을 막는 고객관계 관리

요즘처럼 경기가 위축되고 병원 방문이 줄어드는 시기에는 많은 원장님들이 비슷한 고민을 나눈다.

"환자가 없어요. 광고를 더 해야 할까요?"

그럴 때 나는 이렇게 되묻는다.

"광고 전에, 이미 우리 병원을 알고 있는 고객에게 얼마나 집중하고 계신가요?"

불황기엔 광고를 늘려 신환을 유입하는 것이 중요한 전략이 될 수 있다. 하지만 더 중요한 건 유입보다 이탈의 문제를 해결하는 것이다. 이 문제를 얼마나 해결하느냐에 따라 병원의 매출 성과를 결정짓는 핵심 전략이 된다.

우리는 종종 가장 중요한 것을 잊는다. 고객을 얻는 것에는 몰두

하면서, 고객을 지키는 것에는 소홀해진다. 신규 고객 유입에만 집중하고, 기존 고객 관리는 뒷전으로 밀린다. 치료가 끝나는 순간, 병원과 고객의 관계도 끝나버리는 것이다.

신규 고객 유입에 지나치게 의존하는 병원은, 신환 수가 조금만 줄어들어도 매출이 급격히 하락하고 병원 내부 분위기까지 횡해질 수 있다. 이럴 때 대표 원장은 흔들리기 시작하고, 불안감을 감추기 어려워진다. 지속 가능한 매출 구조를 만들고 싶다면, 반드시 기존 고객은 얼마나 오래 남아주고 있는가를 질문해야 한다.

신환 유입보다 이탈률이 먼저

병원이든 기업이든 기존 고객이 얼마나 오래 남아주는가의 고객 지속성은 매우 중요한 지표이다. 고객 지속성은 어떻게 측정할 수 있을까? 바로 이탈률(Churn Rate)을 통해 확인할 수 있다. 이탈 고객은 초진 후 재진까지 이어지지 않는 고객, 치료 도중 이탈한 고객, 정기적인 진료 간격을 넘겨 내원하지 않는 고객 등이다. 만약 3개월 이상 미내원 고객의 비율이 높아진다면, 재방문 유도 메시지나 맞춤형 케어 콜 전략이 필요하다는 신호로 해석할 수 있다.

고객 이탈은 대개 조용히 발생한다. 불만을 말로 표현하지 않고 그냥 병원에 오지 않는 경우가 많다. 겉으로는 드러나지 않지만, 장기적으로 병원의 성장성과 수익성에 큰 타격을 준다. 기존 고객 이탈은 신규 고객 유치보다 더 큰 손실을 초래한다. 마케팅 통계에 따르면, 기존 고객을 유지하는 비용은 신규 유치 비용의 5분의 1에 불과하다. 병원에서도 이미 치료를 경험한 고객은 병원에 대한 신뢰가 형성되어 있고, 시스템에 익숙하다. 그래서 고객 이탈은 단순히 1회의 매출 손실로 끝나지 않고 재방문, 추가 치료, 가족 소개, 지인 추천 등 미래 매출 기회까지 함께 사라진다.

오래된 병원일수록 마케팅을 많이 하지 않아도 유지되는 이유는 명확하다. 바로 기존 고객의 재치료와 가족·지인 소개 덕분이다. 예를 들어 어머니가 스케일링을 받으러 온 김에 자녀의 교정 상담, 남편의 이갈이 검사까지 이어질 수 있다. "혹시 가족분들도 검진받으셨어요? 예방 차원에서 함께 체크하시면 좋아요"라는 한마디가 병원을 가족의 건강을 함께 챙기는 공간으로 포지셔닝하게 만든다.

접수, 대기, 검사 및 진단, 상담, 진료, 수납 및 예약, 만족도 체크, 진료 후 관리 등 각 단계를 계산하면 어디에서 가장 많이 이탈되는지를 세부적으로 알 수가 있다. 이탈률이 낮을수록 고객이 오래 머무르고 있다는 의미이며, 이탈률이 높을수록 고객이 서비스에서 빠르게 떠나고 있다는 경고 신호이다. 이탈률은 다음 식으로 계산할 수 있다.

이탈률 계산

(이탈한 고객 수 ÷ 해당 기간 시작 시점의 고객 수) × 100

예를 들어 N달에 신경치료를 시작한 고객 50명, 완결 전 중단한 고객 12명일 때 이탈률은 24%[(12÷50)×100]가 된다. 신경치료 이탈 문제를 개선하려면 어떻게 해야 할까? 신경치료 중 이탈 문제의 원인은 아래의 체크리스트를 통해 찾아볼 수 있다.

- 초진 시 치료 기간/횟수를 충분히 안내했는가.
- 다음 내원 이유를 분명히 남겼는가(날짜 + 이유 + 미내원 시 생기는 일).
- 통증 관리 설명이 부족하지 않았는가.
- 예약 간격이 너무 길지 않았는가.
- 치료 중단 고객에게 리콜 전화를 했는가.

이런 항목을 하나씩 해결해 나가면 이탈률이 눈에 띄게 개선된다. 실제 치과 컨설팅 사례에서도 이탈률 10% 개선으로 매출이 15~20% 증가한 경우가 많다.

그렇다면 한 명의 고객이 병원을 이용하는 전체 기간 동안 얼마나 많은 가치를 만들어내는지 알아보자. 한 명의 고객이 우리 병원에 얼마나 오래, 자주, 많이 방문하고 비용을 지불하는지를 알아보는 지표를 고객평생가치(LTV; Lifetime Value)라고 한다. 예를 들면 A고객이 3년간 우리 병원을 내원해 스케일링과 충치 치료, 검진한 LTV가 71만 원이라고 가정해 보자. A고객이 지인을 두 명 소개했다면 LTV는 71만 원에 지인 두 명의 진료비를 추가한 금액이 된다. 결국 기존 고객 1명의 LTV가, 마케팅 비용과 이탈률이 높고 관계가 형성되지 않은 신환 10명보다 더 클 수 있다는 얘기다.

병원에서 고객평생가치(LTV)를 지속적으로 높이기 위해서는 '고객이 다시 오고 싶게 만드는 경험'을 설계해야 한다. 우리가 단골로 가는 미용실이나 식당을 생각해 보면, 일단 실력이 있는 건 기본이고 나를 잘 알고 기억해 주는 곳이라는 인상이 있다. 병원도 마찬가지이다. 장기간 치료를 했던 고객에게, 내원이 뜸해진 시점에 "〇〇 님, 그동안 잘 지내셨나요? 예전에 치료하셨던 부위는 괜찮으신가요?"라며 관심을 표현하는 리마인드 문자나 전화 한 통을 보내보자. 마음은 있는데 바빠서 놓친 고객들이 꽤 많다. 3개월, 6개월 후 자동 리마인드 시스템을 만들거나, 상담실장이 분기별로 리스트를 관리하는 것도 좋은 방법이다. 이런 터치 포인트는 재신뢰 형성에 기여해 재방문이 증가하고 LTV 상승으로 이어진다.

고객이 다시 오지 않는 이유는 불만족 때문만은 아니다. 잊혀졌기 때문이다. 병원을 방문한 고객이 만족했다 하더라도, 치료가 끝나면 병원은 고객의 일상에서 사라진다. 문제는 여기서부터 시작된다. 고객은 새로 생긴 병원, 주변 지인의 추천, 광고, 긴급 상황 등 다양한 이유로 다른 병원을 접하게 되고, 그 순간 선택은 흔들린다. 한 번의 방문을 평생 고객으로 바꾸려면, 병원이 고객을 먼저 잊지 말아야 한다. 매년 반복되는 불황기가 있다면, 그 시기를 미리 대비해 보면 어떨까? 기존 고객에게 집중하고 작은 관심 표현과 체계적 리마인드 시스템을 실천해 보자. 그것이 병원의 체력을 키우고, 위기 속에서도 버틸 수 있는 힘이 된다.

고객 기억을 깨워주는 CRM 시스템 구축법

"항상 보내주시던 정기검진 안내 문자가 이번에는 오지 않더라고요. 혹시 저만 빠진 건가요?"

얼마 전 교육을 담당했던 병원에서, 한 직원이 고객으로부터 이런 말을 들었다고 했다. 처음에는 의아해서 확인해 보니, 문자 전송 프로그램의 오류로 일부 고객에게 메시지가 전송되지 않은 것이었다. 단순한 시스템 오류에 불과했지만, 그 고객에게는 '잊힌 느낌'을 주기에 충분했다. 이 작은 사건은 병원 고객관계 관리의 본질을 다시금 깨닫게 해주었다.

고객관계 관리(CRM; Customer Relationship Management)는 고객에게 '당신을 잊지 않았습니다'라는 신뢰를 꾸준히 확인시켜 주는 장치다. 고객은 단순히 치료만 기대하지 않고, 병원이 자기 건강을 함께 관리해 주고 지속적인 관심과 보호를 해준다는 걸 느끼고 싶어 한다. 병원 CRM의 최종 목적은 고객을 붙잡는 것이 아니라, 고객이 병원을 떠날 이유를 찾지 못하게 만드는 것이다. 이를 위해 CRM 프로그램은 다음의 6단계로 구축할 수 있다.

1단계. 고객 데이터 정리

가장 먼저 해야 할 일은 누가 우리의 고객인지 명확히 파악하는 것이다. CRM의 출발점은 고객 데이터를 모으고 정리하는 것이다. 이름, 연락처, 내원일, 진료 이력, 치료 완료 여부는 기본이다. 여기에 추천 재방문 시기, 관심 진료 분야(심미, 임플란트, 교정 등), 특이사항(불편 사항, 특별 요청)까지 체계적으로 관리해야 한다. 중요한 것은 정보 수집이 아니라 정보 활용이다. 데이터는 단순한 기록이 아니라, 리콜·마케팅·맞춤 관리의 소재가 된다. 고객을 아는 만큼 고객을 지킬 수 있다.

2단계. 고객 세분화

모든 고객을 똑같이 관리하는 것은 효과적이지 않다. 고객 상태에 따라 세분화하고, 그에 맞는 관리 전략을 세워야 한다. 여기서의 고객 세분화는 1장에서 소개한 개원 시 설정하는 넘버원 고객과 다르며, 매출을 중장기적으로 증대시키는 목표를 가지고 시행하는 것이다.

내가 이 책에서 제안하는 세분화 구분은 정기 관리 고객, 매출 증진 고객, 충성 고객 등 세 가지다. 고객 그룹마다 접촉 방식과 메시지 톤을 달리해야 관계가 이어진다. 고객의 머릿속에서 우리 병원이 잊히지 않아야 결국 매출이 상승할 수 있다. 맞춤화된 관리가 곧 신뢰의 시작이다.

매출 증대를 위한 고객 세분화

• **정기 관리 고객** : 스케일링·정기검진 등 정기적인 관리 대상 고객

- **매출 증진 고객** : 상담 후 치료를 보류했거나 1차 치료 후 추가 치료가 필요한 고객
- **충성 고객** : 소개를 많이 해준 VIP고객

3단계. 리콜 시스템 구축

리콜은 CRM의 핵심이다. 리콜을 기본값으로 설정해 고객이 자연스럽게 다시 방문하게 만드는 구조다. 치료가 끝날 때 "6개월 뒤 정기검진 예약 잡아드릴게요"라고 제안하고, 고객 상태에 따라 조정하면 된다. 예약은 고객이 요청하는 것이 아니라, 병원이 제안해야 한다. 예를 들어 "○○님, 다음 내원은 6개월 후 정기검진으로 예약 도와드릴게요. 변경 원하시면 언제든 알려주세요"와 같은 메시지는 부담 없이 재방문을 유도한다.

CRM의 핵심은 적절한 시기에 다시 연락하는 것이다. 표준 리콜 시나리오를 설정해 시스템을 구축하면 더 효과적이다. 예를 들어 치료 후 1일 만족도 조사 문자, 치료 후 6개월 정기검진 안내, 생일 감사 인사 및 혜택 제공 등이다.

4단계. 진료 프로그램 개발

CRM 시스템이 제대로 작동하려면, 고객이 정기적으로 병원을 찾아야 할 이유를 만들어야 한다. 단순히 "정기검진 오세요"라는 말을 넘어, 고객의 건강 여정을 설계하는 다양한 진료 프로그램을 개발해야 한다. 예를 들면 다음과 같다.

- **6개월 정기검진 프로그램** : 스케일링 + 치아 점검 + 구강위생관리 교육
- **맞춤형 관리 프로그램** : 임플란트 관리, 교정 후 유지 관리, 라미네이트 수명 점검 등
- **시니어 프로그램** : 고령 환자 대상 치주·의치 정기 점검 프로그램

이런 프로그램을 제시하면, 고객은 '왜 다시 와야 하는지'를 명확하게 이해하게 된다. 또한 프로그램이 있어야 상담자나 데스크 직원이 "관리 차원에서 다음 예약을 잡아드릴게요"라고 자연스럽게 연결할 수 있다. 진료 프로그램은 고객의 치료 주기에 맞추어 건강 관리의 필요성을 구체적으로 설명하며, 자연스럽게 재내원 흐름을 만드는 장치가 된다.

5단계. 이탈 징후 고객 관리

고객이 접수, 대기, 설명, 비용 등과 관련돼 밝히는 사소한 불만을 놓치지 말아야 한다. 고객이 불만을 표현했을 때 대응하지 않으면 이탈로 이어진다. 진료 후 관리 단계에서는 이탈 위험군을 자동으로 감지하고 대응할 수 있는 시스템이 중요하다. 예정일 초과 1개월 이상 미방문, 빈번한 예약 취소 등 이탈 징후가 포착되면 담당자 알림, 특별 관리 메시지 발송, 맞춤형 1:1 전화 체크인 등으로 고객이 완전히 떠나기 전에 다시 연결하는 대응 체계를 갖추는 것이 좋다.

6단계. CRM 운영 모니터링 및 개선

CRM도 계속 진화해야 한다. 매월 CRM 지표를 모니터링하여 개선하는 것이다. 리콜 성공률, 고객 반응, 이탈률 변화 등을 모니터링하여 문제 발생 시 즉시 수정하고, 고객 니즈 변화에 따라 리콜 문구나 주기를 업데이트한다. CRM 운영 모니터링은 고객 이탈을 방치하지 않고, 살아 움직이는 시스템으로 만들 것이다.

치료가 끝난 순간이 관계의 끝이 아니라, 새로운 여정의 출발점이어야 한다. 따라서 CRM은 마케팅 부서의 일이 아니라 병원 전체가 함께 지켜야 할 경영 인프라다. 원장은 철학을 제시하고, 직원은 행동으로 옮기며, 시스템은 이를 놓치지 않도록 지원한다. 이 세 가지가 맞물릴 때, 고객은 병원을 단순한 치료 공간이 아니라 나를 잊지 않는 곳, 내 건강을 지켜주는 동반자로 기억하게 된다.

4

직원이 웃을수록 병원이 성장한다

직원 만족은 단순한 복지의 문제가 아니다. 그들이 어떻게 일하는
지, 어떻게 대우받는지, 얼마나 신뢰받고 있는지를 보여주는 조직
의 거울이다. 좋은 사람이 오랫동안 머물 수 있도록 조직 역량을 높
여야 병원이 지속적으로 성장할 수 있다.

01

어정쩡한 친절 때문에 브랜딩이 무너진다

"우리 병원, 아무 문제 없는데 왜 환자가 끊길까요?"

한 병원에서 이런 질문을 받은 적이 있다. 진료 결과는 좋았고, 시설도 깨끗했다. 심지어 마케팅도 꾸준히 하고 있었다. 그런데 고객들은 처음 방문 이후 재방문율이 눈에 띄게 낮았다. 현장을 살펴보니, 문제는 예상치 못한 곳에서 발견되었다. 접수 데스크 직원의 무표정과 무심한 말투. 상담실에서도 상담자가 "몇 번을 말씀드려요"라고 툭 던지는 모습이 눈에 띄었다. 문제가 무엇인지 어렵지 않게 알 수 있었다.

고객은 의료진의 전문성만큼 병원 직원의 태도를 눈여겨보고, 병원을 믿을 수 있는지를 판단한다. 공들여 만든 브랜드가 의외로 직원의 '표정'과 '말투'에서 무너진다. 왜 직원의 말투가 브랜딩을 결정할까? 직원이야말로 병원을 찾는 고객이 가장 먼저 만나는 사람이기 때문이다.

병원이라는 공간은 고객(환자)에게 있어 고통과 불안을 동반하는 공간이다. 고객은 병원에 들어서는 순간부터 "내가 여기서 잘 치료받을 수 있을까?" 하는 감정 평가를 시작한다. 이때 고객의 감정을 가장 먼저 만나는 것은 의사가 아니라, 직원이다. 첫 전화를 받는 상담원의 말투, 데스크 직원의 눈맞춤과 인사, 대기실에서 안내를 돕는 직원의 친절 등등 이 모든 것이 고객의 무의식에 쌓여, '이 병원은 나를 소중히 여긴다' 또는 '이 병원은 나를 대충 대한다'는 인상을 만든다.

아무리 최첨단 장비와 유명한 의료진을 갖췄더라도 직원 한 명의 무심한 한마디로 브랜드 신뢰는 무너질 수 있다. "잠시만 기다리세요"라고 말하는 직원의 무표정을 본 고객은 자신이 방해자가 된 것 같은 느낌을 받는다. "그건 저희가 몰라요. 다른 분한테 물어보세요"라는 답변을 들으면 직원이 책임 회피를 하는 것처럼 느껴지고, 자기 문제가 외면당했다는 좌절감을 느낄 수 있다. 나는 이러한 무심한 언행들을 한마디로 '친절하지도, 불친절하지도 않은 서비스'라고 정의한다.

어중간한 친절이 병원의 브랜드를 무너뜨린다. 이런 직원의 응대는 브랜드 이미지에 영향을 줄 뿐 아니라 소개와 추천에 많은 영향을 준다. 예를 들어 교정치과의 경우 무엇보다 소개 고객이 중요한 진료과이다. 특히 엄마들에게는 공감과 친절한 응대가 매우 중요한데, 이 사실을 깨닫게 해주는 일을 겪은 적이 있다.

내가 병원 관련 직업을 가진 걸 알고 동네 엄마들이 믿을 만한 교정 전문 치과를 많이 물어본다. 어느 날 내가 잘 알면서 비교적 가까운 치과를 소개하게 되었다. 그런데 상담직원이 교정 가격을 물어보는 보호자에게 "다른 데도 다 비슷해요. 고민해 보세요"라고 말했다고 한다. 가격을 비교해 보라는 무심한 멘트는, 결국 보호자인 어머니에게 '여기는 우리 아이에게 그다지 관심을 쏟지 않을 것 같다'는 인상을 심어주었다. 이후 그 고객은 바로 경쟁 치과로 발길을 돌렸고, 소개해 준 나는 미안하고 민망하여 다시는 그 치과를 소개해 주지 못했다.

이렇듯 직원들의 말 한 마디는 브랜드에 큰 영향을 미친다. 그렇다면 어떻게 직원들에게 브랜드를 인식시키고 그에 맞게 고객 응대를 하게 할 수 있을까? 많은 병원에서 직원들이 브랜드를 실천하지 못하는 이유는 단순히 의지가 부족해서가 아니다. 대부분은 직원의 인식 부족과 구조적 결함의 문제에서 비롯된다. 많은 병원을 컨설팅하면서 직원들을 대상으로 조사한 문제의 원인 여섯 가지를 해결책과 함께 정리해 보았다.

첫 번째. 직원들의 인식 부족

병원의 브랜드 전략은 간판, 인테리어, 마케팅 콘텐츠 중심으로 설계되어 있다. 직원 입장에서는 "그건 마케팅팀 일이지", "고객 보라고 만든 문구지"라며 자신과 무관하다고 느끼는 경우가 많다. 브랜드가 자기 역할과 무관한 디자인이나 광고처럼 보이는 것이다. 브랜드는 고객에게 보여주기 전에, 직원이 먼저 체험하고 체화해야 한다.

두 번째. 병원의 브랜드 교육 부재

"우리 병원은 어떤 가치를 주는 곳인가요?"라는 질문에 정확히 답하지 못하는 직원들이 적지 않다. 브랜드는 존재하지만, 직원 교육이나 입사 온보딩에서 한 번도 구체적으로 다뤄지지 않은 경우가 많기 때문이다. 예를 들어 '고객의 시간을 아껴주는 병원입니다'라는 슬로건이 있다면 그게 실제로 상담, 예약, 대기 안내, 진료 종료까지 어떻게 반영되는지 교육되어야 한다.

세 번째. 업무 매뉴얼에 브랜드 가치 부재

브랜드는 철학이 아니라 행동으로 실현되어야 한다. 하지만 병원의 업무 매뉴얼이나 상담 스크립트, 접수 응대 매뉴얼에는 브랜드의 말투, 태도, 행동 지침보다 우리가 일하기 편한 것에 초점을 맞춰 구성되어 있는 경우가 많았다. 이런 경우 해결책으로는 '고객 한 분 한 분을 기억하는 병원'이라는 브랜드 콘셉트가 반영되어 접수 시 이름을 먼저 불러주는 것이 매뉴얼에 있어야 한다.

네 번째. 브랜드에 대한 직원 공감 부족

브랜드는 지시가 아니라 공감과 연결로 만들어져야 한다. 구성원 스스로 '이 브랜드는 우리 이야기다'라는 감정적 연결이 없다면, 결국 말뿐인 브랜드로 전락하고 만다. 해결책으로 내부 직원들과 함께 브랜드 키워드를 선정하거나 '우리가 고객에게 어떤 존재이고 싶은가'에 대해 팀 단위 워크숍을 진행해 보는 것도 좋은 방법이다.

다섯 번째. 조직 문화에 브랜드 가치 부재

겉으로는 고객 중심이라 해놓고 내부는 성과 압박, 빨리빨리, 감정노동 무시 등의 분위기라면 직원은 이중 메시지에 혼란을 느낀다. 친절은 진정성에서 나온다. 내부 문화가 외부에 전달되는 브랜드 철학과 일치해야 직원들도 진심으로 실천할 수 있다.

여섯 번째. 브랜드 롤모델로서의 리더 부재

직원은 리더의 행동을 따라간다. 리더가 고객 앞에서 불친절하거나, 직원에게 무심하게 대하면 '우리에겐 진짜 브랜드가 없구나'라는 신호를 주게 된다. 리더의 언행은 내부 브랜드의 기준선이 되므로 리더가 먼저 실천해야 직원도 따른다.

브랜드는 직원 개개인의 표정, 말투, 태도에서 살아 숨쉰다. 병원의 브랜드 가치와 미션을 모든 직원 교육에 포함시켜서, 우리 고객이 누구이고 고객은 우리에게 어떤 존재인지를 인식시켜야 한다. 병원의 고객 응대 표준 매뉴얼을 만들고, 말투와 인사법까지 구체적으로 설계해야 한다. 정기적으로 모니터링하고, 잘한 사례는 칭찬하고 공유해야 한다. 직원이 브랜드에 공감하고 '자신이 하는 작은 행동이 병원의 인상을 결정짓는다'는 걸 스스로 인식하게 만드는 게 중요하다.

02

'일하고 싶은 병원'이
'선택하고 싶은 병원'을 만든다

"직원들이 자꾸 퇴사한다고 해서 고민이에요."

"직원은 계속 바뀌고, 분위기도 지쳐 있어요."

이 말은 병원 원장님들이 자주 토로하는 문제 중 하나다. 한 원장은 개원 1년 만에 열 명의 직원을 채용했지만, 그중 절반 이상이 6개월을 버티지 못하고 퇴사했다. 남은 직원들마저 무기력해지고, 서비스 품질도 눈에 띄게 떨어졌다. 이직률은 높아지고, 조직 분위기는 침체되었으며, 결국 고객 불만과 매출 하락으로 이어졌다.

"직원 문제가 병원 성장을 가로막을 줄은 몰랐어요."

그가 뒤늦게 깨달은 것은 많은 병원에서 반복되는 현실이다. 퇴사, 갈등, 무기력 등등의 직원 문제가 왜 반복될까. 직원 문제는 항상 인간관계 때문인 걸로 보이지만, 사실은 시스템 미비와 경험 설계 부재의 결과일 뿐이다.

병원 조직은 사람이 아니라 경험으로 관리되어야 한다. 직원 경험(EX; Employee eXperience)이란 입사부터 퇴사까지 병원 안에서 겪는 '모든 일상의 흐름'을 의미하는데, 5단계로 구분할 수 있다.

직원 경험 5단계 여정

① 지원&채용 ➡ ② 온보딩 ➡ ③ 일상 업무 ➡

④ 성장 기회 ➡ ⑤ 오프보딩&퇴사

이 과정에서 병원은 어떤 경험을 주고 있는가? 불명확한 역할, 입사 교육 부재, 반복 업무에 지친 실무, 피드백 없는 조직, 성장이 막힌 팀원, 무관심하게 보내는 퇴사자 등 부정적인 경험을 주고 있다면 직원 경험 5단계를 다시 설계해야 한다.

병원은 결국 사람이 만들어가는 조직이다. 아무리 좋은 진료 프로토콜과 시스템을 갖췄다 해도 그것을 실행하는 직원이 지치고 무기력하면, 고객이 느끼는 서비스 경험은 당연히 나빠진다. 한 동네 병원에서는 주 6일 근무, 점심시간도 쪼개며 일하는 구조가 당연시됐다. "환자가 많으니 어쩔 수 없다"는 말로 열악한 근무환경이 방치되었다. 결국 직원들은 하나둘 떠났고, '직원이 자주 바뀌는 병원'이라는 인식이 생기며 신규 고객 유입도 급감했다. 신뢰는 무너졌고, 매출도 따라 하락했다.

병원은 일반적인 서비스 업종보다 고객 접점이 더 많고 밀접하다. 직원 만족도가 조금만 떨어져도 그 여파는 고객 만족도, 재방문율, 병원 평판까지 직결된다. 직원이 불친절하면 고객은 불쾌함을 느낀다. 직원이 피곤해 보이면 고객은 불안해한다. 직원이 무관심하면 고객은 병원을 신뢰하지 않는다.

반대로, 인근의 또 다른 병원은 주 5일 근무, 점심시간 보장, 분기별 개인 면담을 지키기 위해 노력했다. 이 병원은 이직률이 낮고, 검색 등으로 찾아오는 신규 고객보다 기존 고객들의 소개를 받고 온 소개 고객이 더 많았다. 직원들은 "여기서는 오래 일하고 싶다"고 자부했을 뿐 아니라, 오래 일한 직원일수록 오래 다니는 고객들의 얼굴을 기억하며, 더 따뜻하게 응대했다. 이런 관계는 고객이 병원을 쉽게 옮기지 않게 만드는 힘이 되었다.

직원 만족을 '그냥 잘해주기'로 해결한다면 오히려 독이 될 수 있다. 경계가 없는 친절은 제어 불가능한 행동을 낳는다. 반대로 규칙과 지시만으로 운영하면 직원은 수동적이고 방어적인 태도를 갖게 된다. 직원 만족은 단순한 보상이 아니라, 문화의 문제다. 진짜 만족은 일을 통해 성장하고, 나의 의견이 존중받으며, 내가 하는 일이 병원의 목표와 연결되어 있다는 느낌에서 나온다.

과거 내가 일했던 한 조직은 일을 즐겁게 할 수 있는 문화가 형성된 곳이었다. 지시는 명확하되 내 의견이 존중받았고, 리더는 늘 나를 지지해 주었다. 그래서 나는 내 일처럼 몰입했고, 그 안에서 성장할 수 있었다. 연말, 감사한 마음을 담아 리더에게 보낸 메시지가 있다. 이 글귀는 지금 내가 만든 회사의 운영 철학이 되었다.

매년 생각의 각도가 조금씩 달라지고, 계속 학습하면서 일이 취미가 되고, 좋은 사람들을 만나고, 좋은 콘텐츠가 있는 직장. 이런 직장의 문화를 만들어 주셔서 감사합니다.

그 조직에서 함께 일한 직원들은 6년간 한 명도 퇴사하지 않았고, 모두 관리자급으로 성장하며 안정적인 구조를 만들 수 있었다. 이처럼 몰입하고 성장하는 조직의 핵심은 심리적 안정감이다. 하버드대학교의 에이미 에드먼슨 교수는 이를 '실수하거나 질문해도 괜찮다고 느끼는 정서적 안전지대'라 설명했다. 내가 그 조직에 3~4시간 왕복 출퇴근을 하면서도 계속 다닌 이유도 바로 이 안정감 때문이었다. 실수했을 때 "괜찮아, 다음엔 더 잘할 수 있어요"라고 말해주고, 엉뚱한 질문에도 "좋은 질문이에요. 그 생각은 새롭네요"라고 답해주는 것이다. 리더가 "나도 그때 몰랐어요", "이런 실수 해봤어요"라고 말해주는 솔직함, 이런 말들은 조직에 자유와 성장, 연결을 만들어 주었다. 그 결과 직원은 감추지 않고 말할 수 있었고, 팀은 실수를 성장의 재료로 삼을 수 있었다

반면에 리더가 실수에 과민 반응하며 화를 내고, 일일이 간섭하며 일의 방향을 수정하는 마이크로 매니징 조직에서는 직원이 위축되고 수동적으로 변한다. 원장이나 실장이 고객 응대 멘트, 수납 방

식까지 세세하게 통제하면 처음엔 조직이 깔끔하게 돌아간다고 착각할 수 있지만, 실제로는 모든 운영이 리더 1인에게 의존되는 취약한 구조가 되는 것이다. 직원은 문제를 스스로 해결하지 못하고, 리더가 없으면 병원 운영이 흔들리며, '혼자 우뚝 선 리더'만 남는다.

왜 이런 일이 반복될까? 대부분 리더의 불안에서 비롯된다. 직접 챙겨야 제대로 된다는 강박, 한 번의 실수에 대해 다시는 맡길 수 없다는 과잉 반응이 결국 리더 중심의 불안정한 조직을 만든다. 직원이 자발적으로 일하게 하려면, 스스로 일의 방식을 설계할 수 있게 해야 한다. '결과'만 명확히 제시하고, '방법'은 직원에게 맡긴다. 일이 끝난 후에는 "왜 이렇게 했느냐"가 아니라 "어떻게 바꾸면 더 좋아질까?"라고 묻는다. 실수를 혼내지 말고, 복기하게 하고, 다음 시도에 적용할 수 있도록 피드백을 주는 것이 핵심이다.

일상 업무의 20% 정도는 직원이 자율적으로 기획하거나 제안할 수 있는 구조를 만들어 보자. 작은 기획이라도 스스로 해보고 결과를 인정받으면 그 일은 더 이상 업무가 아니라 자기 일이 된다.

직원 만족은 단순한 복지의 문제가 아니다. 그들이 어떻게 일하는지, 어떻게 대우받는지, 얼마나 신뢰받고 있는지를 보여주는 조직의 거울이다. 좋은 사람이 오랫동안 머물 수 있도록 조직 역량을 높여야 병원이 지속적으로 성장할 수 있다.

03

[지원&채용①] 바쁜 병원을 위한 필수 인사관리 전략

어느 날 개원한 지 1년쯤 된 치과 원장님에게서 전화가 걸려왔다.

"대표님… 직원 관리 좀 해주세요. 이제 한계가 왔어요. 처음엔 다 좋았는데 요즘은 눈치 보이고, 말도 못 꺼내겠어요."

이 병원은 요즘 예약이 밀릴 정도로 잘 운영되고 있었다. 진료 매출도 꾸준히 올라가고 있었는데, 원장님은 점점 지치고 내부 분위기는 눈에 띄게 삐걱거리는 중이었다. 왜일까? 진료 시스템이 잘 정립되었지만, 직원 관리에는 기준이 없었기 때문이다. 사람 관리를 여전히 감(感)에 의존했다.

특히 의원급일수록 직원 관리의 무게가 온전히 원장에게 쏠릴 수밖에 없다. 채용 공고부터 근무 조건 협의, 퇴사 처리까지 '그때그때' 대응하게 되고, 사람을 뽑을 때와 일하는 중일 때, 퇴사할 때마다 말이 달라지는 상황이 반복되곤 한다. 이런 누적된 불일치로 인해, 개원 1년 전후가 되면 우르르 퇴사하거나 갈등이 표면화되는 사례가 많다. 직원 문제는 곧 운영 리스크가 되고 작은 병원일수록 한 명의 이탈이 치명적이다.

"네 명 중 세 명이 한 달 새 퇴사했어요."

서울의 한 소규모 의원에서 발생한 일이다. 업무량이 많고 초과근무가 잦았음에도, 입사 초기에 별다른 조건 설명 없이 "가족처럼 지내요"라는 말로 시작되었다. 그러다 입사 6개월이 지난 직원이 급여 정산 내역과 초과근무수당 지급을 문제 삼으며 퇴사를 통보했고, 그 뒤로 나머지 직원들도 빠르게 이탈하며 병원 운영이 마비되고 말았다. 직원의 무단결근, 갑작스러운 퇴사는 진료에 차질을 주어 매출 손실의 결과를 낳는다.

규모와 상관없이 인사관리는 쉬운 일이 아니다. 큰 병원에서 인사팀을 관리할 때의 경험을 떠올려 보면, 일의 끝을 알 수 없는 것이 인사행정이고 어떻게 해도 구성원 모두를 100% 만족시킬 수 없었다. 입사한 직원들이 인사 규정이 불명확하고 기준이 없다는 생각을 하기 시작하면 금세 신뢰가 떨어져 결국 빠른 퇴사를 선택하게 된다. 그렇기에 명확한 기준으로 꾸준히 관리하고 상황에 맞춰 변화하기도 해야 하는 것이 인사관리 시스템이다.

병원에서 일하는 모든 종사자는 서비스의 최전선에 서 있다. 고객은 직원의 태도, 말투, 응대에 민감하게 반응한다. 인사관리가 잘된 병원은 직원 만족도는 물론, 고객의 신뢰도까지 높일 수 있다.

인사관리는 초기에 잡지 않으면 두고두고 발목을 잡는다. 출퇴근 기록이 없는 경우에는 연장근무 분쟁으로 소송이나 급여 정산의 혼란을 겪는다. 또한 입사 시 자격 미검증으로 무면허 진료로 민원이나 행정처분까지 받는 경우도 있다. 이러한 법적 리스크는 '관리 부족'에서 시작된다. 5인 이상이면 근로시간, 취업규칙, 연차수당 등 근로기준법이 강제 적용되는데 이런 사실을 미처 인지하지 못한 경우가 적잖으며, 인사서류 한 장이 없어서 수백만 원 이상 벌금이 부과된 사례를 많이 보았다.

이 모든 것이 어렵게 느껴질 수 있다. 하지만 인사관리는 병원이 커졌을 때가 아니라, 작을 때부터 만들어야 지킬 수 있다. 특히 개원 직후, "바빠서 나중에 해야지"라고 미루는 순간부터 문제의 씨앗이 싹튼다. 초기부터 인사관리 기준을 명확히 세우고, 최소한의 기록과 프로세스를 마련해야 한다.

인사관리는 유명무실한 시스템이 아니라, 약속이고 기준이다. 그 약속을 직원과 함께 만들고 지킬 수 있을 때, 병원은 단단해진다. 지금이 바로 그 시작점이다. 바쁜 병원을 위해 최소한의 인사관리 체계를 다음과 같이 정리해 보았다. 이처럼 체계를 갖추고 운영하면 나중에 직원들이 "그땐 그렇게 안 들었는데요"라고 말하는 걸 방지할 수 있다.

- **사람을 뽑을 때** : 채용 시 입사자가 제출하고 작성해야 할 필수 서류 리스트업, 근로계약서 작성 및 직원 교부, 4대 보험 가입, 취업규칙 작성 및 신고(상시 5인 이상 시 필수), 급여명세서 매월 교부, 연차휴가 및 수당 규정 반영, 개인정보 수집·이용 동의서 확보, 근무 조건 및 규정을 담은 입사 안내서 제시.
- **일하는 중일 때** : 출퇴근 기록, 급여명세서, 연차관리표.
- **그만둘 때** : 사직서, 인수인계서, 퇴직금 정산표, 4대 보험 상실 신고.

최소한의 인사관리 체계는 규모와 법적 요건을 갖추되, 병원에서 원장이 통제 가능성을 고려해서 정립해야 한다. 개원 예정이라면 3개월 전부터 인사체계를 설계할 것을 권한다. 개원 직전부터 최소한의 인사 운영 구조를 미리 준비해 두면, 채용부터 훨씬 안정적이고 예측 가능한 방향으로 흘러간다. 규모와 무관하게 최소한 근로계약서 템플릿, 출·퇴근표, 근무 조건 및 규정을 담은 입사 안내서 등 세 가지만 있어도 직원은 신뢰를 가지고 오래 남고, 원장은 진료에 집중할 수 있는 병원을 만들 수 있다. 바쁘다고 미루지 말고 지금 시작하면 1년 뒤 병원의 분위기가 달라진다. 그게 바로 '작지만 강한 병원'의 시작이다.

04

[지원&채용②] 인재를 한눈에 알아보는 채용 면접법

대학을 졸업하고 처음 본 면접이 아직도 생생히 기억난다. 그날 면접관이 던진 질문 하나가 지금까지도 머릿속에 남아 있다.

"진료시간이 종료될 즈음, 고객이 접수를 원한다면 어떻게 이 문제를 해결하겠습니까?"

"진료시간이 끝났기 때문에 접수가 불가능하다고 말씀드릴 것 같습니다."

내 답변은 이러했는데, 당시만 해도 그게 정확하고 원칙적인 답변이라고 믿었다. 하지만 결과는 탈락이었다. 함께 면접을 본 친구는 합격했는데, 이렇게 대답했다고 한다.

"먼저 고객의 상태를 파악하고, 긴급한 경우라면 원장님께 상황을 설명드린 후 진료 가능 여부를 여쭙겠습니다. 만약 진료가 어렵다면 다음 가능한 시간에 최대한 빠르게 연결해 드리겠습니다."

이 질문은 단순히 규칙을 아느냐가 아니라, 규칙과 현실 사이의 간극을 어떻게 조율하느냐를 묻는 질문이었다. 즉, 지원자가 상황을 인식하고, 관련된 이해관계자의 입장을 고려하며, 현실적인 해결책을 제시할 수 있는지를 평가한 것이다.

왜 이런 질문이 중요할까? 실제 업무에서는 매뉴얼대로만 일할 수 없다. 특히 병원처럼 예측할 수 없는 상황이 많고, 고객 응대나 팀 내 협업에서 갈등이 발생하기 쉬운 곳에서는 문제 상황에 유연하면서 책임감 있게 대응할 수 있는 사람이 꼭 필요하다. 그래서 많은 기업이 문제 해결 능력을 핵심 역량으로 평가하는 것이다.

그런데 '급한 채용'일 때는 이러한 역량을 알아보는데 소홀해질 수 있다. 구인난을 겪을 때는 일단 면접이라도 진행하자는 마음이 생기기 마련이다. 너무나 이해되지만, 아무리 급하더라도 면접은 신중하게 진행해야 한다. 우리 조직과 맞지 않거나 성의 없이 지원한 사람을 채용하면 오히려 더 큰 문제를 불러올 수 있다. 따라서 짧은 시간 안에 인재를 제대로 알아볼 수 있는 면접 전략이 필요하다.

면접은 짧게는 10분, 길어야 1시간 내외의 한정된 시간 안에 '이 사람, 함께 일할 만한가?'를 빠르게 파악해야 한다. 그러기 위해서는 상대방의 역량과 됨됨이를 알아볼 수 있는 질문을 미리 준비해 두는 것이 중요하다. 막연하게 "본인의 장점이 무엇인가요?"보다는, "고객의 불만을 해결했던 경험이 있으신가요?", "업무 중 어려운 상황을 겪었던 경험이 있다면 말씀해 주세요", "협업 중 갈등이 있었던 상황에서 어떻게 대처하셨나요?" 등등 행동 기반 질문(Behavioral Interview)을 던지면, 그 사람이 어떤 상황에서 어떻게 생각하고 어떤 행동을 했으며 어떤 결과를 냈는지를 명확하게 알 수 있다. 먼저, 열린 질문으로 지원자에게 구체적인 사례를 끌어낼 수 있는 질문을 해보자. 이 단계에서는 상황 전체를 말하도록 유도하는 것이 핵심이 된다.

STAR 기법을 적용하여 특정 상황에 대해 좀 더 구체적인 답을 유도하면 상대의 역량에 한층 더 근접할 수 있다. STAR 기법이란 Situation(상황), Task(과제), Action(행동), Result(결과)의 약자로, 특정 상황에 대해 어떤 미션이 있었고, 어떤 행동을 하여 어떤 결과를 얻었는지를 구하는 질문 기법이다. 초기 질문에 지원자의 답변이 모호하거나 일부만 말했을 때 구체적인 사실을 알아내기에 매우 적합하다. 이 질문 기법은 지원자가 자기소개서를 작성할 때 적용해도 좋은 평가를 받을 수 있다.

예를 들어 "고객의 불만을 해결했던 경험이 있으신가요?"라는 질문에 모호한 답을 들었을 때, STAR 기법으로 질문을 더해보자.

S(Situation, 상황)

면접관 : "당시 그 상황은 어떤 배경에서 발생한 건가요?"

지원자 : "제가 일하던 병원에서는 예약 고객의 노쇼가 잦아 진료 공백이

자주 발생했습니다."

T(Task, 과제)

면접관 : "당신에게 주어진 역할이나 책임은 정확히 무엇이었나요?"

지원자 : "저는 CS 담당자로서 예약 시스템을 개선해 공백을 줄이는 방안을 기획했습니다."

A(Action, 행동)

면접관 : "그 상황에서 직접 어떤 행동을 취했고 해결을 위해 먼저 한 조치는 무엇이었죠?"

지원자 : "노쇼 패턴을 분석해 주로 반복되는 시간대를 파악하고, 해당 시간 예약자에게는 전날 전화 확인을 진행했습니다. 또한, 대기고객 명단을 별도로 만들어 빈 시간에 바로 배정할 수 있도록 조정했습니다."

R(Result, 결과)

면접관 : "결과적으로 그 상황은 어떻게 마무리되었나요? 그리고 그 경험에서 배운 점이나 지금도 적용하는 점이 있다면요?"

지원자 : "한 달 뒤 예약 취소율이 약 30% 감소했고, 대기고객도 빠르게 진료를 받을 수 있어 고객 만족도가 크게 향상되었습니다. 이 경험을 통해 단순히 상황을 처리하는 것을 넘어서, 문제의 원인을 분석하고 구조를 개선하는 관점으로 접근하는 것이 중요하다는 것을 배웠습니다."

한 번에 STAR를 다 묻기보다는, 대화 흐름에 따라 자연스럽게 하나씩 유도하는 것이 좋다. 지원자가 추상적인 말로 넘어가려 할 때, "예를 들어요?", "구체적인 행동은요?", "결과는요?"라는 식으로 흐름을 타고 질문하는 것이다. 잘 설계된 STAR 질문은 짧은 시간 안에 지원자의 '진짜 경험'과 '실행력'을 파악할 수 있는 강력한 도구가 된다.

지원자가 질문에 어떻게 답하는지를 유심히 보자. 좋은 인재는 질문에 대해 논리적이고 구체적인 사례를 들고 "제가 직접 ○○ 했습니다" 혹은 "다 같이 ○○○ 했습니다"처럼 행위와 책임을 명확하게 밝혀주는 답변을 한다. 질문에 우물쭈물하거나 너무 짧게 끝내는 경우, 준비 부족 혹은 경험 부족일 수 있으므로 주의 깊게 봐야 한다.

비언어적 요소도 놓치지 말아야 한다. 면접관의 직감은 생각보다 정확하다. 질문을 들을 때 눈을 마주치며 경청하는지, 긴장 속에서도 진정성이 느껴지는지, 답변 시 말투와 표정, 일관된 태도와 성실함을 보여주는지 등등의 비언어적 요소는 훈련된 답변보다 더 많은 것을 말해준다.

지원자의 역량은 예기치 못한 질문이나 상황에서 더욱 잘 드러난다. 질문을 잠깐 바꾸거나, 역할극 상황을 주거나, 모호한 지시를 내려보고 그 반응을 관찰해 보자. 예를 들어 이런 방식의 질문은 유연한 사고와 실제 대응 능력을 판단하는 데 유용하다.

"갑자기 진료 대기 고객이 몰리기 시작했습니다. 당신은 지금 어떤 우선순위를 세우고 움직이시겠어요?"

좋은 인재는 '무엇을 했는가'보다 '어떻게 생각하고 행동했는가'라는 질문에서 드러난다. 면접 시간은 짧지만, 올바른 질문과 관찰 포인트를 가지고 접근하면 단 10분 안에도 '이 사람은 된다'는 확신을 가질 수 있다. 구체적인 사례, 논리적 설명, 일관된 태도, 이 세 가지를 갖춘 사람이라면, 실무에서도 신뢰할 수 있는 인재이다.

STAR 자기소개서 템플릿

업무 중 문제를 해결한 경험을 구체적으로 설명해 주세요.

S : Situation(상황)

ex. 진료 예약이 꼬여 대기시간이 길어졌고, 고객 불만이 발생한 상황.

제가 일하던 곳에서 ___________________ 문제가 발생했습니다.

예상치 못한 상황으로 ___________________ 되었고,

고객(또는 동료)도 ___________________ 반응을 보였습니다.

T : Task(과제)

ex. 고객을 진정시키고 진료 흐름을 회복하는 것이 목표.

그 상황에서 제 역할은 ___________________이었으며,

제가 해결해야 할 핵심 과제는 ___________________였습니다.

A : Action(행동)

ex. 진료 가능 여부 확인, 대안 시간 제안, 대기 안내 및 보상 제공.

먼저 ___________________를 확인하고,

고객(또는 동료)에게는 ___________________ 방식으로 안내해 드렸습니다.

추가로 ___________________ 조치를 통해 문제를 최소화하고자 했습니다.

R : Result(결과)

ex. 고객 만족, 재방문 유도, 위기관리 능력 강화.

그 결과 고객은 ___________________ 반응을 보였고,

전반적으로 병원(또는 팀)의 ___________________ 에 긍정적인 영향을 주었습니다.

이를 통해 저는 ___________________ 역량을 키울 수 있었습니다.

※ 활용 Tip : 실제 경험을 떠올리며 위 빈칸을 작성하면, 자기소개서 한 문단이 완성된다.
　　모든 항목에 반드시 "내가 한 일"과 "그 결과"를 구체적으로 적는 것이 핵심이다.

05

[온보딩] 입사 후 3개월, 근속 3년을 결정한다

"새로 입사했는데 뭐부터 해야 할지 막막해요. 지금 제가 잘하고 있는 걸까요?"

병원에 갓 입사한 신입 직원들이 가장 자주 하는 말이다. 낯선 환경, 익숙하지 않은 용어, 쉴 새 없이 돌아가는 진료 리듬 속에서 자신만 멈춰 있는 듯한 느낌, 하루하루 따라가기에도 벅찬 상황 속에서 지금 잘하고 있는 것인지 불안이 조용히 고개를 든다. 이 시기의 혼란과 긴장은 단순히 개인의 적응력 부족으로 보기 쉽지만, 사실은 병원이 직원 경험을 체계적으로 설계하지 못했음을 보여주는 신호다. 직원이 병원에 뿌리내릴 수 있는지의 여부는 바로 이 수습 기간에 결정된다. 조직 문화와 기준이 자연스럽게 몸에 배도록 설계하는 것이 바로 온보딩 교육의 핵심이다.

　수습 기간은 보통 3개월로 설정하는 경우가 많다. 왜 그럴까. 이는 인사, 법적, 운영 측면에서 성과 관찰과 조직 적응을 위한 가장 현실적이고 균형 잡힌 기간이기 때문이다. 인사 측면에서는 관찰 - 적용 - 평가의 흐름이 가능한 최소 시간이다. 단순 교육이 아니라, 실전 투입 후 병원의 일원으로 잘 기능하는지 판단하기 위해 3개월은 필요하다.

　법적 측면에서도 근로기준법상 수습 기간은 통상 3개월까지 인정되며, 이 안에 정규직 전환 여부, 평가 기준, 교육 이수 내용을 명확히 관리할 수 있다. 운영 측면에서는 수습 종료 시점이 인사발령 및 역할 재조정의 기준이 되며, 신입에게도 "3개월만 잘 버티자"는 심리적 마일스톤이 된다. 즉, 3개월은 신입이 '병원 사람'이 되기 위한 관찰-적용 - 평가의 최소 단위이자, 제도적으로도 가장 실용적인 기간이다. 이때 배우는 방식이 그 직원의 '표준'이 된다.

　입사 첫 주는 신입 직원에게 병원의 분위기를 체감하는 심리적 적응기다. 이 시기에는 누가 먼저 말을 걸어주느냐, 어떤 말투와 표정으로 다가오느냐에 따라 병원 전체에 대한 인상이 결정된다. 첫인상은 곧 병원의 기준으로 각인된다.

　입사 2주 차에 들어서면 직원은 자신의 역할과 협업 구조를 본격적으로 이해하려고 한다. 하지만 이때 역할이 불분명하거나 병원이 기대하는 바가 모호하면, 그 혼란은 곧 퇴사의 고민으로 이어진다. 병원이 경력직을 채용하면서 기대하는 것은 조직에 새로운 바람을 불어넣는 것이다. 그러나 현실은 반대다. 경력직일수록 조직 분위기를 더 빠르게 파악하고, 몇 마디 대화와 단 3일 만의 관찰만으로 '이 병원은 이렇게 일하는구나'라는 판단을 내린다. 결국 경력직도 기존 직원들의 방식에 적응하게 되고, 병원은 원하는 변화를 이끌어내지 못한다.

그러므로 입사 첫날, 단순히 근로계약서를 작성하고 유니폼을 지급하는 것으로 끝내지 말아야 한다. 반드시 원장이 직접 직원에게 병원이 기대하는 역할과 일하는 방식에 대해 말해주는 시간을 가져야 한다. 우리 병원의 일하는 기준, 직원에게 기대하는 모습, 병원에서 중요하게 여기는 태도 등 조직이 먼저 기준을 제시할 때, 구성원은 혼란 없이 방향을 잡는다. 기준이 없으면 직원은 주변을 보고 따라가게 되는데, 대부분은 '기존 직원의 방식'이 된다. 생각은 먼저 심는 쪽이 주도권을 가진다. 그 주도권을 병원이 가져야 한다.

수습 기간의 시작은 온보딩(Onboarding)이다. 온보딩은 단순한 적응 기간이 아니라 1970년대 경영학에서 비롯된 개념으로, 신입 직원이 조직에 빠르게 적응하고, 역할을 이해하며, 성과를 낼 수 있도록 돕는 설계된 경험의 과정이다. 특히 첫 2주가 핵심이다. 이 시기에 역할의 명확성, 기대치, 소속감이 조기에 형성되면 업무 적응 속도는 눈에 띄게 빨라진다.

최근에는 병원에서도 온보딩 프로그램을 도입해, 첫날 인사와 웰컴 키트를 제공하고, 직무 구조 및 일별 플랜을 공유하는 모습이 많아졌다. "누가 나를 챙겨주는가?"를 신입이 인식하게 해야 한다. 1:1 점심 식사, 멘토 지정, 초기 매뉴얼 제공이 중요한 이유다. 병원의 미션, 비전, 진료 철학 등 문화적 가치도 말과 행동으로 전달돼야 한다. "우리는 고객 이름을 부르기 전에 꼭 아이 컨택을 해요"와 같은 디테일이 바로 병원 문화를 만든다.

수습 기간 평가와 피드백은 어떻게 설계해야 할까? 수습 기간은 쌍방 탐색의 시간이다. 병원도 직원을 평가하지만, 직원도 병원을 경험하며 판단한다. 이때 중요한 것은 감정이 아니라, 기준과 피드백으로 설계된 구조다. 입사 전 평가 항목과 시기를 미리 안내해야 한다.

첫 평가는 입사 2~4주차에, 이후 매월 1회씩 정기 평가와 피드백을 할 것을 권한다. 평가자는 실무 관리자와 멘토가 함께 참여하는 것이 좋다. 평가 항목은 근무 태도, 직무 이해도, 협업, 고객 응대, 성장 가능성 등으로, 사회 초년생일수록 직무보다 태도 중심 평가, 경력직일수록 직무 적합성 중심 평가를 해야 한다.

수습기간 평가 항목 다섯 가지

근무 태도 ➡ 직무 이해도 ➡ 협업 ➡ 고객 응대 ➡ 성장 가능성

경력직의 경우는 2주 내에도 조직 적합성을 파악할 수 있다. 기존 직장 문화에서 형성된 태도와 습관이 빠르게 드러나기 때문이다. 첫 달 평가에서 병원 기준과 맞지 않는 부분은 개선 피드백을 주고, 다음 평가까지 시간을 주는 것이 중요하다.

수습 2개월차 평가는 중요한 전환점이다. 이때 태도나 적응도에 따라 수습 종료, 연장 또는 정규직 전환이 결정된다. 최근 한 사례를 보면 수습 3개월에 접어든 한 코디네이터는 일을 잘하지만, 행동 통제가 어려운 점이 있었다. 병원은 이 직원의 태도에 확신이 들지 않았고, 수습 종료를 고민했다. 그런데 직원은 병원을 마음에 들어 했으며 변화 의지도 있었다. 결국 서로 동의하에 수습을 1개월 연장한 후 태도 개선이 이루어져 정규직으로 전환되었다. 이처럼 수습 연장은 포기 이전에 선택할 수 있는 '기회의 시간'이 될 수 있다.

수습 기간 3개월의 경험은, 그 직원의 3년을 결정할 수 있다. 그렇기에 병원은 단순한 교육이 아니라, 정서적 안정 – 업무 명확성 – 성장 가능성을 모두 설계한 경험을 제공해야 한다. 좋은 인재를 뽑는 것도 중요하지만, 입사 후 병원에 맞는 인재로 성장할 수 있도록 돕는 '경험 설계'가 더욱 중요하다.

병원 수습기간 평가표

□ 평가 시점 : 입사 2~4주차/ 매월 1회 정기 평가와 피드백

1. 기본 근무 태도(총 20점)

항목	평가 내용	점수
출퇴근 규칙 준수	지각, 조퇴, 결근 여부	/5
복장 및 위생 관리	유니폼, 위생, 외모 단정성	/5
지시 이행	상급자의 지시를 성실히 이행	/5
근무 집중도	근무 중 잡담, 핸드폰 사용 등 태도	/5

2. 직무 이해도 및 수행 능력(총 30점)

항목	평가 내용	점수
업무 숙련도	맡은 업무의 숙지 및 정확도	/10
속도와 효율성	업무 처리 속도 및 시간 관리	/10
반복 실수 여부	동일한 실수를 반복하지 않음	/10

3. 협업과 커뮤니케이션(총 20점)

항목	평가 내용	점수
팀원 간 협력	동료와의 협업 태도	/10
대인 커뮤니케이션	동료와의 원활한 의사소통, 언행, 태도	/10

4. 고객 응대 및 서비스 마인드(총 15점)

항목	평가 내용	점수
고객 응대 태도	친절함, 공감 표현	/5
민원 대응 능력	문제 상황 시 침착하고 적절한 대응	/5
서비스 기본 태도	병원의 서비스 철학 이해 및 실천	/5

5. 적응력 및 성장 가능성(총 15점)

항목	평가 내용	점수
조직 적응력	병원 문화와 시스템 이해	/5
피드백 수용 태도	조언에 대한 반응과 변화 노력	/5
자기계발 의지	배우려는 자세와 성장 가능성	/5

/평가자	평가자 코멘트 작성란	/100

※ 평가 점수
총점 : _____ 점/100점

- 90점 이상 : 수습 통과 및 적극 추천
- 80~89점 : 수습 통과
- 70~79점 : 추가 관찰 필요
- 70점 미만 : 수습 기간 연장 또는 부적합 판단

06

[일상 업무①] 99% 실행하게 하는 업무 지시법

"이걸요? 제가요? 왜요?"

누군가 새로운 업무를 지시받았을 때, 마음속에 가장 먼저 떠오르는 말이다. 이 짧은 세 마디에는 복합적인 감정이 담겨 있다. 예상치 못한 난이도에 대한 당혹감, 왜 하필 나인가에 대한 낯섦과 불안, 납득되지 않는 이유에 대한 거부감이다. 직원이 이런 반응을 보인다면 그건 업무 자체의 문제가 아니라 업무 지시 방식 때문일 가능성이 크다.

업무 분담은 단순히 일을 나누는 차원이 아니다. 그 일에 누가, 왜, 어떻게 참여해야 하는지를 설계하는 '맡김의 전략'이다. 이 역할은 막내나 일을 가장 잘하는 사람보다, 조직의 방향성과 사람의 성장을 동시에 고려할 수 있는 리더, 바로 그들이 담당해야 할 고유한 책임이다. 업무 지시는 성과를 설계하고 관계를 세우는 리더의 언어다.

애매한 지시는 재작업을 부르고, 불필요한 감정 소모와 시간 낭비를 만든다. 반면에 명확한 지시는 '한 번에 끝나는 일'을 만든다. "이거 다시 해야 할 것 같아요…"라는 말이 반복된다면 지시 방식부터 점검해야 한다. 성과의 80%는 지시의 질에서 결정되기 때문에 지시가 구체적이고 명확하면 누구든지 일정 수준 이상의 결과를 낼 수 있다.

반대로 지시가 흐리면 뛰어난 직원도 엉뚱한 결과를 낸다. 성과는 개인의 능력이 아니라 업무 수행 구조에서 나오고, 그 구조의 시작이 바로 지시다. 지시를 명확하게 하면 지시자와 수행자 모두 불필요한 오해나 불신을 줄일 수 있지만, 막연하게 "알아서 해줘"라는 말로 시작되는 업무는 감정에 좌우되기 쉽다.

리더십의 본질은 방향 제시이고, 지시는 그 실행 설계이기 때문에 병원의 방향과 전략이 아무리 좋아도 현장에서 실행되지 않으면 무의미하다. 일을 지시하는 리더는 상황 파악, 일의 목적 제시, 기한 제시, 기대 결과 제시, 중간 확인의 다섯 가지 요소가 포함된 업무 지시법을 통해 원하는 성과에 근접할 수 있다.

① 상황 파악 : 예를 들어 "지금 상황이 어떤지 먼저 말해주세요"라며 상황을 파악하는 질문을 한 후 "이 일을 먼저 해줄 수 있겠어요?"라고 직원을 배려하는 질문을 한다. 만약 직원이 "지금 다른 일

때문에 하기 어려워요"라고 말한다면 신규 업무를 다른 사람에게 분배하거나 일정을 조정해 주는 게 좋다.

② **일의 목적 제시** : '이 일이 왜 필요한지' 일의 목적을 말해줘야 직원이 납득하고 움직인다. 직원은 일을 안 하려는 것이 아니라, 자신이 왜 이 일을 맡는지 모를 때 거부감을 느끼거나 시키는 일만 하게 된다. 그럴 때 리더의 한 마디는 결정적이다.

"이번 고객 설문은 서비스 개선안을 만들기 위한 첫 단계예요. 실제 불만의 원인을 찾아야 우리가 뭘 바꿔야 할지 명확해져요."

예를 들어 이렇게 일의 목적을 얘기하면서, 해당 직원의 성장을 존중하는 결정적 한마디를 덧붙여 보자.

"이 일은 ○○님만이 할 수 있어요. 당신의 경험이 꼭 필요해요."

"이번엔 도전 과제예요. 내가 중간중간 코칭할게요."

"이 업무는 당신을 팀리더로 키우기 위한 첫 단추예요."

③ **기한 제시** : 기한이 없는 일은 시작되지 않고, 우선순위 설정이 어려우며, 결국 성과로 이어지지 않는다. 예를 들어, "이번 주 금요일까지 초안을 완성해 주세요"처럼 명확하게 마감 기한을 전달해야 한다. 지시를 받은 직원은 기한을 지키는 것이 기본 원칙이다. 하지만 만약 기한을 넘기게 된다면, 리더는 즉시 '왜 아직 보고가 없는지'를 확인해야 한다. 리더가 질문하지 않으면, "말이 없으니 안 해도 되는 줄 알았다"는 식의 변명이 생기고, 결국 다음에도 마감이 지

켜지지 않을 가능성이 커진다.

④ **기대 결과 제시** : 기대 결과란 직원이 수행하길 원하는 구체적 업무 형태를 말한다. '어떤 형태의 결과물을 언제까지 원하는지' 구체적으로 말해줄수록, 결과물은 예상에 가까워진다. 예를 들면, "설문 결과 요약표는 1장으로 정리해 주세요. 불만 순위 Top 3와 고객 의견 키워드를 간단히 정리하면 돼요"라고 구체적으로 지시하는 것이다.

일을 시작하기 전에 기대 결과를 서로 이해하지 못하면, 믿고 맡겼던 업무의 결과물을 막상 받아봤을 때 실망스러운 마음이 들게 된다. 답답한 마음에 리더는 더 자주 지시하고 마이크로 매니징을 하는 원인이 되기도 한다.

⑤ **중간 확인** : 예를 들어, "수요일에 10분 정도 중간 점검 시간을 가질게요"처럼 중간 점검의 타이밍을 미리 정해두는 것이 효과적이다. 만약 상사가 이를 놓쳤다면, 지시를 받은 사람이 "언제쯤 중간 보고를 드릴까요?"라며 먼저 제안하는 것이 좋다. 이 과정은 단순한 진행 보고가 아니라, 상사의 기대치와 부하직원이 이해한 것과의 차이를 바로잡을 수 있는 기회이다.

지시자의 의도와 실행의 방향은 언제든 엇갈릴 수 있다. 중간 확인은 그 어긋남을 조기에 발견하고, 재작업을 줄이는 보험과도 같다. 일할 때는 시키는 사람도, 받는 사람도 '책임의 언어'를 주고받아야 한다. 상사가 중간 점검을 요청하지 않았다고 중간 보고 없이 조용히 결과만 제출하는 것은 좋은 실행 방식이 아니다.

또한 최종 결과에 대해 상사가 수정을 요청했을 때 "그렇게 말 안 하셨잖아요"라며 책임을 전가하는 태도는 생산적인 팀워크를 해친다. 지시를 전략적으로 해야 하지만, 지시를 받은 사람 또한 바쁜 리더를 고려하며 스스로 일을 설계할 수 있어야 한다. 필요한 부분은 적극적으로 질문하고, 중간 피드백을 통해 더 나은 결과를 만들어가려는 태도가 중요하다.

[업무 지시 예시]

- **상황 파악** : "지금 상황이 어떤지 먼저 말해주세요." (답변 듣고 가능한지 확인)
- **일의 목적 및 기한 제시** : "○○선생님, 지금 예약 리마인드 문자가 중구난방이라 고객 입장에서 혼란스러운 상황이에요. 이번 주 안에 병원 메시지를 담으면서도, 고객 입장에서 명확하게 보이는 리마인드 문자 시스템으로 정리해 주세요. 금요일까지 초안 완성되면 좋겠어요."
- **기대 결과 제시** : "문자 발송 타이밍, 표현 방식, 내용 구성 기준까지 한눈에 정리된 형태면 좋겠습니다."
- **중간 확인** : "수요일에 10분 정도 중간 점검 시간 가질게요."

07

[일상 업무②] 한 사람에게 일이 몰리지 않게 하려면

개원한 지 3년 된 치과를 컨설팅했을 때의 일이다. 데스크 업무를 총괄하는 실장은 누구보다 일을 빠르고 정확하게 처리했다. 치료 계획 상담, 진료실 병목 해결, 예약, 수납, 고객 컴플레인 응대, 전화 상담까지 모든 업무를 막힘없이 처리해냈다.

문제는 바로 여기서 시작됐다. 동료 직원들이 복잡한 예약 변경이 생기면 "실장님께 여쭤볼게요"라며 미뤘고, 고객 불만이 접수되면 실장님이 해결해 달라며 넘겼다. 수납 오류가 발생하면 실장이 다시 확인하고 수정해야 했다. 점점 더 많은 일이 실장에게 몰렸고, 매일 추가 근무를 하다가 업무 과부하로 인해 결국 번아웃 직전까지 몰리게 되었다.

일은 몰리는데 지원이 없었던 데다, 문제 해결에 대한 다른 직원들의 의지나 능력이 부족했고, 병원의 핵심 운영이 실장에게 의존되는 구조였다. 일을 잘하는 사람에게 일이 몰리는 건 그 사람의 잘못이 아니라, 시스템과 역할 관리 실패 때문이다. 조직이 역할을 분산하고 학습을 유도하는 구조를 갖추지 못한 것이다. 잘하는 사람을 칭찬하면서 혹사시키지 말고 조직 전체의 수준을 끌어올려야 병원이 지속 가능하게 성장할 수 있다.

병원에서 너무도 흔하게 볼 수 있는 이 문제의 구조적 원인을 살펴보면 세 가지가 있다.

첫 번째 원인 : 역할과 책임(R&R; Role&Responsibility)의 불명확이다. 병원 내 각 포지션이 해야 할 일과 책임의 경계가 모호하다. 복잡한 예약 변경, 고객 컴플레인 응대, 수납 오류 처리 등 반복적으로 발생하는 주요 업무에 대해 누가 1차 대응 주체인지 명확하게 정리되어 있지 않으므로 모든 책임이 실장에게 몰리게 된다. R&R이 정리되지 않으면 조직은 자연스럽게 가장 빠르고 정확한 사람에게 의존하게 된다.

두 번째 원인 : 일의 흐름을 나누는 시스템 부재이다. 고객 응대, 예약 변경, 수납 확인 등 병원 운영에서 반복되는 업무 흐름이 있음에도 절차(프로세스), 기준, 도구, 담당 역할이 구조화되지 않으면 일이 한 사람에게 몰리는 구조가 고착된다. 시스템이 없으면 특정한 사람에게 일이 붙지만, 시스템이 있으면 역할별로 일이 나뉜다.

세 번째 원인 : 직원 학습 기회 부족과 실행 회피 문화이다. 직원들은 문제 상황에 직면했을 때 스스로 판단, 실행할 수 있는 권한과 경험을 가지지 못했다. 실장이 늘 해결해 주었기에 문제를 해결할 동기도, 책임감도 줄어든다. 실행 경험이 없으면 책임감도 생기지 않는다.

이 문제를 해결하려면 무엇부터 해야 할까? 먼저 3장에서 설명한 8단계의 고객 경험을 기반으로 업무 매뉴얼을 만들고, 업무별 역할 기준을 명확히 해야 한다. 예를 들어 예약 변경은 누가, 어떤 조건에서, 어디까지 권한이 있는지 기준이 있어야 책임이 생긴다.

매뉴얼을 만들었다면 그동안 실장에게 쏠렸던 일이 직원들에게 적절하게 위임할 수 있게 되었으니 직원들에게 공유하도록 한다. 그때부터는 "실장님처럼 처리해 주세요"가 아니라 "이런 상황에서는 이렇게 처리하세요"가 되어야 한다. 매뉴얼을 공유하고 그대로 실천하게 되면 실장이 모든 걸 직접 하지 않아도 된다.

위임은 성과를 확장하고, 사람을 성장시키며, 조직을 지속 가능하게 만드는 리더십의 핵심 역량이다. 특히 병원처럼 다양한 직군이 긴밀하게 협업하는 조직에서는 리더의 위임 능력이 곧 팀 전체의 생산성과 신뢰도를 결정짓는다.

위임할 때는 무조건 맡기는 것이 아니라 업무 매뉴얼 교육과 1~2회 코칭, 실행 결과 피드백 순서로 진행한다. 이렇게 하는 것이 처음에는 시간이 걸리지만, 이 과정을 거치면 실장이 '나 아니면 안돼'라는 생각을 내려놓을 수 있고, 다른 직원들도 스스로 책임감을 가지게 된다.

실장이 업무를 위임할 때 주의해야 할 것은 직원들이 숙련될 때까지 시간이 필요하다는 것이다. 또한 원장의 마이크로 매니징도 주의가 필요하다. 직원들의 업무 분담을 직접 지시하게 되면 일이 중복될 수 있고, 누가 어떤 일을 하는지 서로 모르게 되는 경우가 많다.

병원 업무가 유능한 한 사람에게만 집중되는 구조는 단기적으로는 빠르고 효율적으로 보일 수 있다. 하지만 장기적으로는 조직의 자생력을 약화시키고, 사람도 병원도 모두 지치게 만든다. 조직의 성장, 그 시작은 거창한 것이 아니다. 역할을 명확히 하고, 매뉴얼을 만들며, 위임하는 작은 실천에서 출발한다. 그렇게 되었을 때, 병원은 개인의 노력이 아닌 조직의 역량으로 움직이는 진짜 팀이 된다.

08

[성장 기회①] 유능한 실장이 직원을 성장시킨다

"○○ 문제가 생겼을 때 가장 먼저 떠오르는 직원이 있나요?"

"매번 하는 일을 성과로 이어가는 직원인가요?"

"일을 맡겼을 때 가장 안심이 되는 직원은 누구인가요?"

이 질문들은 유능한 직원을 알아보기 위해 병원 리더에게 자주 하는 질문이다. 유능함이란 무엇일까? 유능함은 어떤 일을 남들보다 잘하는 능력으로, 단순한 능력의 문제를 넘어 성과와 신뢰, 성장 가능성까지 포괄하는 개념이다. 특히 조직 안에서의 유능함은 다층적인 의미로 해석될 수 있다. 유능한 실장의 기준은 병원마다 조금씩 차이가 있을 수 있겠지만, 20년 넘게 병원 조직 관리를 했던 나는 '성장'에서 찾는다. 유능한 실장은 자신과 팀을 함께 성장시킨다.

성장은 팀보다 내가 먼저 시작해야 한다. 실장은 팀원의 인생에 영향을 주는 위치에 있다. 그렇기에 유능한 실장은 "나와 함께 일하면 분명히 성장할 수 있다"는 믿음을 팀원들에게 심어주는 사람이어야 한다. 그리고 그 믿음은 행동과 관계 속에서 증명된다. 유능한 실장들이 '내가 성장하는 이유', '지금 직장을 오래 다니는 이유' 등을 정리해서 후배와 공유하는 것을 여러 번 보았다.

병원 팀원들이 가장 오래 함께하고 싶어 하는 리더는 누구일까? 내가 리더십 교육을 할 때 이렇게 질문을 하면 가장 많이 나오는 답변은 "배울 게 있는 리더"였다. 그 이유는 명확하다. 사람은 자신을 성장시켜 주는 관계를 오래 유지하려는 경향이 있기 때문이다.

유능한 실장들은 스스로 도전하며 성장한다. 사람의 실력은 퇴근 후와 주말에 여유 있는 시간을 어떻게 쓰느냐에 따라 결정된다. 늦게까지 일을 하라는 얘기가 아니다. 퇴근 후나 주말은 직장인들에게 회복이 되는 시간이어야 한다. 그래야 조직의 생산성도 높아질 수 있다. 유능한 인재는 이런 시간에 자기계발을 한다. 실력 있는 실장들은 업무와 관련된 주제, 고객과 관련돼 새로운 지식을 습득하는 걸 즐긴다. 나의 경우 주말마다 세미나를 듣는 것이 취미다. 병원 세미나를 가면 항상 만나는 실장들이 있다. 이름만 대면 알 만큼 유능하다고 알려진 사람들이었다. 손흥민이 월드 클래스가 될 수 있었던 결정적 계기는 주말이나 쉬는 시간에 언제나 자기 혼자 개인 훈련을 했기 때문일 것이다.

그렇다면 유능한 실장은 직원을 어떻게 성장시킬 수 있을까?《실리콘밸리의 팀장들》에서는 이러한 질문에 매우 실용적인 해답이 제시돼 있다. 이 책은 "관리는 권력이 아니라 관계의 문제"라고 말한다. 관계를 잘 구축하는 실장이 결국 팀원을 성장시키고 조직을 이끄는 사람이라는 것이다. 유능한 실장은 단지 경험이 많은 사람이 아니라, 사람을 키우는 데 진심인 사람이다. 직원을 올바른 방향으로 나아가도록 돕기 위해 피드백 문화를 구축하는 데 관심이 많다.

잘못한 부분이 있을 때는 직설적으로 얘기해 줘야 할 때가 있다. 싫은 소리를 못하겠다면 유능한 실장이 아니다. 제대로 관찰하지 않고 싫은 소리를 못해서 잘했다는 말만 하는 건 굉장히 위선이다. 칭찬뿐 아니라 건설적인 지적도 할 수 있어야 한다. 뭐가 잘못된 건지, 그 문제가 고객에게 어떤 불편함을 주는지, 어떻게 바꿔야 하는지를 같이 얘기해야 한다. 솔직한 피드백을 해야 하는 만큼 효과적인 의사소통을 위한 훈련이 필요하다.

모든 업종이 점점 IT화되어 가는 지금, 사람을 이해하고 관계를 설계할 수 있는 능력은 그 어느 때보다 중요하다. 병원도 예외가 아니다. 실장은 단순한 관리자 역할을 넘어, 팀의 성장을 이끄는 코치로 진화해야 한다.

성장을 위한 방향 설정을 직원 개인에게만 맡겨서는 안 된다. 정기적인 성장 계획 면담을 통해 개인의 목표와 병원의 목표를 연결하고 필요에 따라 직무 확장, 역할 순환, 프로젝트 참여 기회 등을 제안함으로써, 직원이 병원 안에서 경로를 찾아갈 수 있도록 도와야 한다. 예를 들어 한 병원에서는 입사 1년 차가 되는 직원을 대상으로 '1년 성찰 면담'을 진행한다. 이 자리에서 직원은 자신이 잘하는 것과 흥미 있는 영역을 정리하고, 병원 측은 해당 직원에게 필요한 역할이나 확장 가능한 포지션을 제안한다.

프로젝트 기반 경력 설계 방식도 좋다. 예를 들어 홍보에 관심 있는 행정직 직원이 SNS 계정 운영이나 병원 소식지 기획 프로젝트에 참여하면서, 기존 업무 외에 새로운 역량을 개발할 수 있도록 지원한다. 이처럼 직원의 강점과 병원의 필요를 연결하면, 단기적으로는 업무 몰입도가 높아지고, 장기적으로는 다른 병원으로 이직하지 않아도 성장할 수 있는 구조가 만들어진다.

성장을 지속하려면 업무를 시스템으로 만들어야 한다. 담당자마다 다르게 하던 업무를 명문화하면 누가 그 일을 맡든지 안정감 있게 업무를 해낼 수 있게 된다. 또한 문제 해결을 위해서는 업무 매뉴얼 점검표를 만들어 관리하고 개선하는 루틴을 만든다. 업무 매뉴얼을 만드는 것도 중요하고 잘 지켜지는지 정기적으로 체크하는 것도 매우 중요하다. 이러한 정기 점검은 자체적으로 해도 괜찮지만, 외부 전문가를 통해 제3자의 시선으로 평가하는 게 더 도움이 될 수 있다. 이러한 과정에서 성장 중심의 문화가 만들어진다.

성장 경험은 직원을 병원에 머무르게 하고, 몰입하게 하며, 병원의 경쟁력을 만들어낸다. 병원에서의 성장은 단지 승진이나 경력 연차의 증가만을 의미하지 않는다. 진짜 성장은 직원 스스로가 배우고 있다고 느끼고, 조직이 자신의 가능성에 투자하고 있다는 확신을 가질 때 이루어진다. 유능한 실장이 성장의 롤모델로서 가르쳐 줘야 한다.

앞서 언급했던 것처럼 나는 2017년에 전국 120개소 치과병원의 중간관리자를 대상으로 한 직무분석 연구를 진행한 적이 있었다. 그 결과에 따르면 병원 중간관리자들은 주로 사무 관리, 고객 관리, 진료 지원, 진료 관리, 조직 관리, 병원 홍보 업무를 하고 있었다. 조직에 따라 우선순위 업무의 차이가 있었지만, 90%의 중간관리자가 관리보다 실무에 치우쳐진 업무를 진행하고 있었다. 특히 중소 규모 병원의 중간관리자의 업무는 고객 관리에 집중되어 있었고, 그중에서도 치료계획 상담과 불만 고객 응대가 가장 많았다.

상담과 불만 고객 응대를 많이 한다고 해서 유능한 관리자가 되지는 않는다. 진짜 유능한 실장은 부분에 집중하던 관점에서 전체를 보는 안목으로 변화하여 근본적인 문제를 해결하고 더 잘할 수 있는 방법을 찾아낸다.

조직이 커질수록 중간관리자의 업무는 목표 관리, 채용, 교육, 면담, 평가 등 조직 관리에 더 집중되어 있었다. 이 말은 성장 목표가 있는 조직에서 실장은 단순히 실무 관리자가 아니라, 구성원의 성장을 설계하는 리더로서 역량을 갖춰야 한다는 의미로 해석된다. 나는 이 조사 결과를 토대로 '일반 실장과 유능한 실장의 업무'를 정리할 수 있었다. 다음의 내용을 보고 담당 업무의 방향을 설계해 보자.

업무별 일반 실장 vs. 유능한 실장 비교

업무 영역	일반 실장의 책임 행동	유능한 실장의 책임 행동
1. 사무 관리	• 업무 요청을 수동적으로 처리함 • 회의록, 문서 등 관리만 함	• 일정, 물품, 문서, 회계 등 행정 시스템화 • 업무 표준 운영 프로세스 정립 • 회의록/보고/문서 양식 정비
2. 고객 관리	• 민원 발생 시 수습 중심 • 상담은 경험에 의존	• 고객 여정 설계 및 응대 매뉴얼화 • 민원 대응 매뉴얼 관리 및 피드백 정리 • 재방문, 리콜, 리뷰 관리 체계화
3. 진료 지원	• 의료진 지시에 따라 준비와 조율 • 진료 흐름은 경험에 의존	• 진료 동선, 장비, 준비물 세팅 기준 수립 • 코디·위생사와의 진료 연계 체크 • 진료 중간 접점의 응대 품질 관리
4. 진료 관리	• 진료 실적을 단순 공유 • 문제 발생 시 의료진에게 보고	• 진료 항목별 매출/내원/처방률 모니터링 • 원장과 진료 회의 주관 및 이슈 점검 • 진료 프로토콜 업데이트 및 적용 관리
5. 조직 관리	• 직원의 문제 발생 시 대처 • 인수인계는 말로 전달	• 채용 → 온보딩 → 교육 → 평가 구조 정립 • 피드백, 월간 면담 문화 운영 • R&R, 매뉴얼, KPI 체계 설계 및 운영
6. 병원 홍보	• 요청 시 이벤트나 SNS만 운영 • 마케팅은 외부 업체에 의존	• 상담/CS 스크립트 정비 및 통일 • 온라인 리뷰, 이벤트, SNS 관리 • 외부 채널(광고/플랫폼) 성과 보고 및 개선안 기획

09

[성장 기회②] 평가와 피드백을 성장 도구로 활용하기

'성과 평가'라는 말을 들으면 우리는 보통 점수를 매기고 순위를 정하는 장면을 떠올린다. 하지만 진정한 성과 평가는 조직의 목표와 개인의 노력을 연결하고, 사람의 가능성을 확인하며, 더 나은 방향으로 함께 나아가기 위한 대화의 과정이다. 성과 평가는 언제나 두 사람 사이에서 이루어진다. 피드백을 주는 사람(리더)과 받는 사람(직원), 이 둘의 신뢰가 없다면 평가 결과는 수치만 남긴 채 아무 의미도 남기지 않는다.

성과 평가는 크게 목표 기반 평가와 역량 기반 평가로 나눌 수 있다. 목표 기반 평가는 얼마나 목표를 달성했는지에 초점을 맞춘다. 예를 들어 병원에서는 고객 리콜률 80% 이상 유지, 신규 상담 동의율 60% 달성처럼 수치로 측정 가능한 목표를 설정한다. 이 방식은 결과가 명확해 측정이 쉽고 공정하다는 장점이 있다. 그러나 목표 자체가 모호하거나 비현실적이면 오히려 평가가 왜곡될 수 있다.

역량 기반 평가는 성과 뒤에 있는 과정을 살펴보는 데 효과적이다. 커뮤니케이션 능력, 문제 해결력, 리더십 등 직무별 핵심 역량을 기준으로 삼아 평가하며, 결과뿐 아니라 성장의 가능성을 함께 본다. 단순히 결과만 봐서는 성과를 전부 설명하지 못한다. 어떤 사람이 성과를 냈거나 혹은 내지 못했던 이유는 대개 그가 가진 역량에서 비롯된다. 그래서 많은 조직들이 역량 기반 평가를 함께 활용한다.

성과 평가의 중심에는 언제나 피드백이 있다. 평가 시즌이 되면 리더는 다양한 고민에 빠진다. 이 피드백이 동기부여가 될지, 상대의 기분을 상하게 하진 않을지, 관계가 틀어지진 않을지 등등이다. 많은 이들이 피드백을 지적이나 비판으로 오해한다. 실제로 임상 경력 10년 이상의 실장들도 피드백을 어려워한다.

예전에 한 병원에서 인사팀을 운영할 때의 일이다. 성과 평가 후 피드백 기간에 어느 실장이 면담한 직원들 중 퇴사 면담 신청자가 유독 많았다. 이유는 간단했다. 피드백에 앞서 평가 결과지를 먼저 보여주고, 잘못한 점을 지적하며 개선을 지시했기 때문이었다. 직원은 평가를 앞두고 긴장하거나 불안을 느낀다. 어떤 점수를 받을지, 점수가 낮으면 부족하다는 의미인 건지, 조직에서 자신을 불신하는 건 아닌지 등의 마음이 든다. 직원이 가장 부담스러워하는 것은 평가 그 자체보다, '판단받고 있다'는 감정이다.

이럴 때 중요한 건 피드백의 내용이 아니라 리더의 태도이다. 말투, 시선, 단어 하나하나가 피드백의 진심을 결정짓는다. 피드백은 잘못을 지적하는 것이 아니라, 더 잘할 수 있는 방향을 함께 찾는 성장 중심의 대화여야 한다.

이런 피드백을 도울 수 있는 효과적인 프레임워크가 AAR(After Action Review)이다. AAR은 본래 군에서 유래한 방식이지만, 현재는 기업과 의료조직에서도 널리 사용되고 있다. 핵심은 단순한 결과 평가가 아니라, 행동의 맥락과 교훈을 함께 탐색하는 데 있다. AAR은 네 가지 질문으로 구성된다.

1. 목표는 무엇이었는가?
2. 실제 결과는 무엇이었는가?
3. 목표와 결과의 차이 그리고 그 원인은 무엇인가?
4. 개선 방안은 무엇인가?

이 프레임워크는 성과 피드백을 단순한 결과가 아닌 학습의 기회로 전환시킨다. 피드백이 평가가 아닌 '성찰'이 되는 순간, 관계를 해치지 않으면서도 충분히 명확하고 생산적일 수 있다. 한 병원 코디네이터가 작성한 AAR 카드 예시를 보자.

1. 목표 : 전화 상담 신규 예약률 60% 달성

2. 결과 : 48% 달성

3. 목표와 결과 차이 그리고 원인 : 문의는 많았지만, 가격 관련 응대가
   미흡했음

4. 개선 방안 : 응대 매뉴얼 재정비, 팀 내 피드백 시간 정례화

이처럼 직원이 직접 AAR 카드를 작성하면 업무 과정을 정리할 수 있고, 조직만의 실행 노하우를 발견하는 계기가 된다. 좋은 피드백은 단순히 "잘했어요"에서 끝나지 않는다.

"이 점이 특히 좋았어요. 왜냐하면…"

"이 부분은 조금 더 발전시킬 수 있을 것 같아요. 제가 도와드릴게요."

이처럼 구체적이고 진심이 담긴 피드백은, 직원이 스스로를 돌아보고 성장하는 계기가 된다. 피드백은 '말'이 아니라 '관계'이다. 피드백을 주는 사람은 상대의 입장을 배려하는 자세를, 받는 사람은 열린 마음을 갖는 것이 중요하다. 그래야 성과 평가가 개인의 성장 기회가 될 수 있다.

"피드백을 잘 들어주어서 고맙다", "피드백을 받을 수 있어서 감사하다"라는 대화가 가능한 조직에서는 평가가 두렵지 않으며 함께 배우고 성장하는 시간이 된다. 사람을 통해 더 나은 성과로 나아가는 것, 그것이 진짜 성과 관리이다.

10

[오프보딩&퇴사]
관계의 끝 아닌 관리의 마지막 단계

"얼마 전 면담 신청했던 직원, 결국 그만뒀어요."

많은 병원장들이 직원의 퇴사에 대해 아쉬움보다는 섭섭함을 먼저 표현한다. 하지만 퇴사는 단순한 개인의 결정이 아니라 관계 관리가 끝나는 지점, 다시 말해 '관리의 마지막 단계'로 이해해야 한다.

직장인들의 마음 한쪽엔 늘 사직서가 자리 잡고 있다. 더 나은 조건, 새로운 도전, 잠시의 쉼을 위한 해방감 등을 생각해서다. 하지만 대부분은 쉽게 떠나지 않는다. 특히 매일 함께 웃고, 버텨낸 동료들과의 정이 있는 병원이라면 더더욱 그렇다. 그럼에도 퇴사를 선택했다는 것은 개인의 특별한 사정을 제외하면 오랜 시간 동안 반복된 작은 오해, 무시된 노력, 멈춘 성장이 쌓인 결과이다. 따라서 직원의 퇴사가 있을 땐 조직 내부를 돌아보아야 하고, 그 직원과의 좋은 마무리를 계획해야 한다.

퇴사를 품격 있게 마무리한 직원은 언젠가 다시 돌아오거나, 병원의 좋은 기억을 주변에 전하는 든든한 지지자가 된다. 좋은 온보딩이 조직의 시작이라면, 좋은 오프보딩은 조직의 품격이다. 이제 퇴사를 '이별'이 아닌, 관계를 잘 마무리하는 '문화'로 바라봐야 한다.

좋은 오프보딩이란 직원이 조직을 떠나는 과정에서 존중을 잃지 않고, 그의 경험과 피드백을 조직의 배움으로 전환하며, 서로 더 나은 감정으로 다음을 준비할 수 있도록 설계된 마무리 과정이다. 퇴사 과정에서 일어나는 다양한 절차들을 체계화하여 표준 운영 매뉴얼로 정비해야 한다.

이상적인 오프보딩 절차

퇴사 통보 ➡ 퇴사 면담 ➡ 인수인계 ➡ 계정·비품 회수 ➡ 송별의식 ➡ 리턴(재입사) 제도 안내

이러한 일련의 흐름을 하나의 매뉴얼로 명확히 설계하고 실천하는 것이 필요하다. 이 매뉴얼은 병원 관리자들에게 일관된 기준을 제공하고, 퇴사자에게는 마지막 순간까지 존중받고 있다는 인식을 줄 수 있다.

퇴사 신청은 예정일 1개월 전에 하는 것이 바람직하다. 갑작스러운 사직 통보는 병원 운영에 큰 부담을 줄 수 있기 때문이다.

퇴사자와의 마지막 면담은 단순한 이별 절차가 아니다. 이는 병원이 놓친 신호를 되짚고, 관계를 정리하며, 조직이 배울 수 있는 소중한 기회다. 이 대화는 병원장이나 실장이 직접 1:1로, 약 20분 이상 진심 어린 태도로 진행하는 것이 이상적이다. 면담의 시작은 이렇게 열어보자.

"○○님이 병원에서 일한 시간이 헛되지 않도록, 함께 돌아보는 시간이 되었으면 해요."

이처럼 대화 방향을 제시하면 직원은 편안하게 이야기를 시작할 수 있다. 핵심 질문으로는 "병원이 더 나아지기 위해 개선되었으면 하는 점은 무엇일까요?" 등이다. 이 질문들은 단순히 퇴사 이유를 묻는 것이 아니라, 병원이 놓친 문제를 발견하는 단서다.

면담 내용을 간략히 정리해 핵심 이직 사유와 개선 제안을 익명화하여 내부에 공유할 수 있도록 하자. 이는 병원의 사각지대를 점검하고, 남은 직원들을 더 잘 돌보는 기반이 된다. 무엇보다 중요한 것은, 마지막까지 퇴사자의 기여를 인정하는 태도다.

"그동안 함께해줘서 고마웠어요."

이 짧은 말 한마디는 퇴사자가 병원을 어떻게 기억할지를 결정짓는 큰 힘이 있다. 아무리 힘든 시간이었더라도, 마지막 순간의 따뜻한 배려는 병원을 긍정적으로 기억하게 만든다. 퇴사 면담은 단지 마무리가 아닌, 관계의 품격 있는 정리이자 조직 성장을 위한 거울이다.

퇴사 시 남기는 업무 인수인계 노트는 단순한 책임 이행을 넘어서, 조직의 지속성을 지키는 중요한 연결 고리다. 특히 병원처럼 '사람'을 다루는 현장에서 인수인계의 질은 진료 흐름과 고객 만족도에 직접 영향을 미친다.

인계 일정표는 적어도 일주일 전부터 시작해야 한다. 업무 인수인계 노트에는 후임이 현장을 빠르게 이해하고 적응할 수 있도록 '맥락'과 '경험'이 담겨야 한다. 단순한 업무 나열이 아니라 어떻게, 왜 그렇게 해왔는지에 대한 설명이 더해지면 금방 현장을 이어받을 수 있다.

인수인계 노트에 기록돼야 할 것

시간순/상황별 업무 흐름, 주요 요령 및 실무 팁, 담당 고객 및 관리 리스트, 자주 발생하는 문제 대응법, 하루 루틴 요약

인수인계 노트에 반드시 '조언'을 포함시킬 것을 추천한다. 예를 들어, "이 고객분은 예약시간보다 늦게 도착하는 편이니 다음엔 미리 안내를 드리세요"처럼 경험과 정보에 기반한 조언을 포함하여 작성하는 것이다.

담당 실장은 인수인계서를 검토해 중요 사항을 체크하고, 직급자 이동의 경우 대표자의 의견을 반영하여 인계받을 담당자를 지정하여 진행한다. 퇴사자가 관리하던 자료와 반납할 유니폼, 기타 용품, 반납일을 기재하여 상사에게 보고하고 후임자에게 전달해야 한다. 퇴사 하루 전에는 데스크, CRM, 클라우드 등 계정과 비품을 일괄

회수하고 IT 관리자 또는 실장이 직접 확인해야 한다. 병원에서 일하면서 관리한 데이터는 병원의 소유이기 때문에 함부로 삭제해서는 안 된다는 점을 퇴사자에게 미리 고지해야 한다.

마지막으로 담당 실장이 인수인계가 잘 되었는지 확인하고 대표원장에게 완료 보고를 하면, 인수인계 업무는 끝나는 것이다.

병원에서의 마지막 날에는 함께했던 시간이 인상적인 추억이 될 수 있도록 작지만, 진심 어린 의식을 마련하도록 한다. 퇴사는 한 사람에게는 인생의 전환점이고, 병원 입장에서는 그 사람과 맺었던 관계를 마무리하는 마지막 기회다. 요즘 여러 병원들이 퇴사날에 팀별로 간단한 다과 시간을 마련하는 경우가 많다. 사전에 "내일 〇〇님 마지막 날이에요"라고 공지하고, 당일에 작은 케이크에 "그동안 고생 많으셨어요. 〇〇님이 계셔서 든든했어요"와 같이 짧고 따뜻한 한마디를 적어 감사 표현을 하는 것이다.

또한 함께 일한 동료, 상사 등이 '당신을 기억하고 있다'는 감정을 전하는 가장 좋은 방법은 감사 메시지를 담은 카드를 작성해 전달하는 것이다. 이것이 말보다 오래 남는다. 입사 시처럼 퇴사 시에도 작은 기념품 혹은 실용적인 선물을 준비하는 것도 좋다. 퇴사자에게 제공하는 작은 오프보딩 키트는 직장 생활을 의미 있게 마무리할 수 있는 도구가 된다. 인수인계 체크리스트, 계정 정리 목록만 챙겨받을 게 아니라, 감사 카드와 병원 굿즈, 리더의 따뜻한 메시지를 담은 소형 선물을 포함시키자. 이는 병원의 감성과 품격을 함께 전달하는 상징적인 행위가 될 수 있다. "○○님은 이 병원에 의미 있는 사람 이었습니다"라는 문장은 단순한 선물 이상의 감동을 남긴다.

퇴사자와의 관계를 끊지 말자. 사직서를 냈다고 해도 형태가 달라질 뿐 관계는 계속 이어질 수 있다. 퇴사자 데이터베이스를 체계적으로 구축하고, 생일이나 명절에 카카오 메시지나 소소한 선물을 보내는 등 관계 유지를 위한 리커넥션 전략을 마련하자.

이렇게 퇴사자를 기억하는 작은 노력은 병원의 인재 브랜드를 강화하고, 프리랜서 협업이나 향후 재입사로 자연스럽게 이어질 수 있는 기반이 된다. 퇴사자 중에는 더 넓은 세상을 경험하고 다시 돌아오고 싶은 마음을 품는 이들도 많다. 이를 위해 "퇴사 1년 이내 재입사 시 우선 채용 기회"를 제공하는 리턴(재입사) 제도(Return Program)를 공식화하자. 이 제도는 병원의 열린 조직문화를 상징하며, 경험을 확장하고 돌아온 인재를 존중한다는 증명이다. 홈페이지나 채용 안내문에도 이를 명시하여 병원의 관용과 유연성을 표현할 수 있다.

잘 보내는 조직에 좋은 이들이 다시 찾아올 수 있다. 퇴사는 끝이 아니라 한 시기의 마무리이자 또 다른 시작을 준비하는 중요한 전환점이다. 병원이 퇴사자의 마지막 순간까지 진심을 다해 존중하고 이후의 관계까지 고민하는 문화를 가진다면, 언젠가 다시 돌아오고 싶은 조직으로 기억될 것이다.

Memo

장기근속을 부르는 직원 경험맵

단계	핵심 질문	점검 항목 (예/아니오)
지원 & 채용	(채용 공고 시) 성장 가능성이 드러난 메시지를 제공하는가?	☐ 공고에 병원의 철학과 미션이 포함되어 있다. ☐ 직무의 성장 경로와 배움의 기회가 표현되어 있다.
	(면접 시) 이 조직이 '성장 중심 조직'임을 전달하고 있는가?	☐ 지원동기를 묻는 질문을 한다. ☐ "이 조직은 어떻게 성장 기회를 제공하나요?"라는 질문에 준비된 답변이 있다. ☐ 지원자의 가치관과 성장 욕구를 묻는 질문이 포함되어 있다. ☐ 업무 중 발생할 수 있는 문제 상황에 대해 "이런 상황에서는 어떻게 대응하실 건가요?"라는 해결 전략을 묻는 질문을 한다.
온보딩	입사 초기, 직원이 몰입과 성장을 동시에 느낄 수 있는가?	☐ 입사자 교육 일정표에 병원 철학 소개가 포함된다. ☐ 역할 기대치와 피드백 루틴이 명확히 안내된다. ☐ 멘토 제도가 있다. ☐ 수습 평가 제도가 있다.
일상 업무	업무 시스템이 안정적으로 작동하는 조직인가?	☐ 역할과 책임(R&R: Role & Responsibility)이 문서로 정리되어 있다. ☐ 업무에 대한 표준 매뉴얼이 존재한다. ☐ 불만고객 대응범위와 한계가 정해져 있다. ☐ 위임 시 교육-코칭-피드백 구조로 진행한다.

단계	핵심 질문	점검 항목 (예/아니오)
성장 기회	(성장과 배움의 기회) 직원이 스스로의 성장을 꾸준히 계획하고 실행할 수 있는 구조인가?	☐ 직무별 성장단계가 마련되어 있다. ☐ 연 1회 이상 커리어 면담을 진행한다. ☐ 개인 성장 목표 수립이 시스템화되어 있다. ☐ 병원 차원의 교육비 지원 제도가 있다. ☐ 병원 내 스터디, 성과 리뷰 미팅이 운영된다. ☐ 실수했을 때 혼내기보다 배움의 과정으로 본다.
	(평가 및 피드백) 평가가 통제가 아닌 성장을 촉진하는 도구로 작동하는가?	☐ 정기적인 1:1 피드백 문화가 있다. ☐ 평가 기준이 명확하고, 노력과 과정도 반영된다. ☐ 평가 이후 개선 방향 중심의 피드백이 제공된다.
오프 보딩& 퇴사	이직 시에도 긍정적인 조직 경험으로 남을 수 있는가?	☐ 퇴사 전 인터뷰나 피드백 절차가 있다. ☐ 퇴사자에게 감사와 존중이 담긴 작별 프로세스가 있다. ☐ 이직자 피드백이 조직 개선에 반영된다. ☐ 재입사 희망 시 우선채용 제도가 있다.

활용 Tip

체크리스트 결과를 바탕으로 현재 상태를 점검하고 "우리 병원은 어떤 단계를 놓쳤는가?"를 함께 토론하고 개선 과제를 도출해 보자.

ex. "이번 분기에는 온보딩 교육 도입을 목표로 하겠습니다."

5

압도적 1등 병원의 성과 관리법

———————

병원의 실행력을 끌어 올리려면
반복 가능한 점검 구조를 만들어야 한다.
성과는 루틴으로 누적될 때
비로소 현실로 나타난다.

01

병원의 숨겨진 문제점, 데이터로 발굴한다

병원을 성장시켜 목표 매출을 꾸준히 달성하고 싶다면 늘 운영 상태를 점검해야 한다. 운영 상태 점검에 데이터가 도움이 된다. 병원이 잘 운영되고 있는지를 한 번에 알 수 있는 데이터가 있는데 신규 고객 수, 재진 고객 수, 진료비 총액 등 세 가지이다. 이 세 가지 데이터를 비교해 보면 현재 상태 그리고 앞으로 우리 병원의 운영이 어떻게 될 것인지를 예측할 수 있다.

데이터상 신규 수가 줄었다면 단순히 "요즘 경기가 안 좋아서"라고 넘기지 말고 이 수치에 숨겨진 맥락을 읽어야 한다. 예를 들어 보자.

A병원 예시

항목	전년 대비 수치
신규 고객 수	-15%
재진 고객 수	-8%
진료비 수입	+3%

수치를 보면 신규 고객과 재진 고객이 줄었는데, 진료비 수입은 오히려 증가했다. 이런 수치를 확인했다면 왜 이런 현상이 발생했는지 원인을 찾아 정리해야 한다.

- **신규 고객 유입이 줄어든 이유** : 검색 노출 감소, 기존 고객 이탈, 홍보 부족 등
- **재진 고객이 줄어든 이유** : 재방문율 저하, 예약 시스템 불편, 의료 만족도 저하 등
- **진료비가 증가한 이유** : 비급여 진료비 수입 증가, 단가 인상, 객단가 증가 등

숫자는 원인을 말해주지 않지만, 어딘가에 문제가 있을 수 있다는 방향을 알려주는 나침반 역할을 한다. 데이터 분석에서 중요한 건 숫자 자체보다도 숫자를 보는 사람의 질문과 관점이다. 작년과 왜 다른지, 이런 변화는 조직 내부의 어떤 구조와 연결되어 있는지, 이 숫자 뒤에 숨은 고객의 감정은 무엇인지와 같은 질문을 던질 수

있을 때 숫자는 단순한 보고서가 아닌 의사결정을 돕는 도구가 된다.

앞서 A병원 사례는 신규 고객 수와 재진 고객 수가 감소했지만 진료비 수입은 오히려 증가한 경우였다. 이러한 데이터는 비급여 진료비 수입 증가, 단가 인상, 객단가 증가 등에서 이유를 찾을 수 있다. 즉, 매출이 일시적으로 상승한 것처럼 보이지만 고객 수가 줄어들고 있어 장기적으로는 고객 기반이 약화될 가능성이 있다는 경고 신호였다. 이에 따라 A병원의 목표는 명확해졌다. 컨설팅 기간인 3개월 안에 '고객 수와 매출이 함께 증가하는 구조'로 전환하는 것이었다.

가장 먼저 집중한 핵심 과제는 세 가지였다. 예약 시스템 개선, 고객 중심의 치료계획, 상담 시스템과 업무 효율 개선, 이 세 가지를 중심으로 프로젝트를 설계하고 실행에 옮겼다. 그 결과, 3개월 후에는 신규 고객 수 5.4% 증가, 재진 고객 수 6.7% 증가, 매출 약 25.6% 증가와 같은 성과를 만들어냈다. 이 결과에서 25.6%라는 매출 증가가 커 보이지 않을 수 있지만 A병원의 월 10억 원 이상 매출에서 25.6%가 증가한 것이므로 상당한 규모라고 할 수 있다.

변화하고 성장하는 병원을 원한다면 문제의 본질을 아는 것이 먼저다. 진료비 수입은 결과이지, 상태를 보장하는 지표는 아닌 만큼 진료비 수입이 유지된다고 안심하지 말고 데이터를 통해 문제의 본질을 파악해 개선하는 노력을 게을리하지 말아야 한다.

목표 설정법과
핵심성과지표(KPI) 설계

심리학자 미하이 칙센트미하이는 사람이 몰입 상태에 들어가려면 세 가지 핵심 요소가 필요하다고 밝혔다.

- 도전적인 과제(자신의 능력을 발휘할 수 있는 수준)
- 명확한 목표(무엇을 해야 하는지 명확할 것)
- 즉각적인 피드백(지금 잘하고 있는지를 알 수 있을 것)

이 중 '명확한 목표'가 몰입의 첫 번째 조건이다. 목표가 없다면 사람은 방향 없이 움직이며, 몰입할 수 없다. 의료진은 환자에게 집중하고 진료의 질을 높이기 위해, 행정직원은 반복적인 업무 속에서도 책임감과 의미를 느끼기 위해 목표를 정하고 몰입해야 한다. 이 모든 역할에서 몰입은 곧 성과, 고객의 안전, 서비스 품질로 직결된다. 명확한 목표가 없다면 몰입 대신 수동적 태도, 감정노동, 이직 충동이 높아진다. 따라서 병원 경영에서도 목표 관리 체계를 통해 의료진과 구성원이 자기 업무에 몰입할 수 있는 환경을 제공해야 진정한 고객 중심 서비스와 지속 가능한 성장을 이룰 수 있다.

그렇다면 병원의 목표는 어떻게 설정하면 좋을까? 목표 설정은 조직이 향하는 방향을 명확히 설정하는 일로, 흔히 "매출을 올리자"라는 말처럼 추상적인 선에 머무르기 쉽다. 하지만 좋은 목표는 구체적이고, 측정 가능하며, 실행 가능한 수준으로 정의되어야 한다. 그런 목표를 설정하게 도와주는 것이 바로 SMART 목표 설정법이다. SMART 목표 설정법에는 다섯 가지 요소가 있는데, 이를 활용하면 막연한 바람이 아닌, 달성 가능한 목표를 만들 수 있다.

S(Specific) : 구체적인가?

예를 들어 '상담 동의율을 높인다'는 목표는 방향이 있지만 애매하다. 이를 구체적으로 바꾸면 '신규 고객 중 상담 동의율을 80% 이상으로 유지한다'가 된다. 이처럼 무엇을, 누구를 대상으로, 무엇까지 할 것인지가 명확해야 한다.

M(Measurable) : 측정 가능한가?

'고객 만족도를 올린다'처럼 방향성이 있어도 명확한 수치가 없으면 막연하게 느껴진다. 이럴 때 수치를 정하면 목표 관리와 개선이 가능해진다. 예를 들어, '고객 응대 만족도 설문에서 평균 90점 이상을 기록한다'처럼 수치화하면 성과 판단과 피드백을 하기에 좋다.

A(Achievable) : 달성 가능한가?

목표는 도전적이되, 시도할 용기를 줄 수 있어야 한다. 예를 들어 '월 매출을 세 배로 올린다'는 현실성이 떨어져 오히려 의욕을 꺾을 수 있다. 대신 '전월 대비 월 평균 매출을 15% 증가시킨다'처럼 노력하면 도달할 수 있는 수준으로 설정해야 한다. 작은 성공 경험이 다음 도전을 위한 발판이 될 수 있다.

R(Relevant) : 병원 전략과 연관성이 있는가?

목표는 조직의 전략적 방향성과 연결되어야 한다. 'SNS 팔로워를 늘린다'처럼 단순한 목표가 아닌, '자연 검색 유입을 늘려 신규 고객 유입 증가에 기여한다'처럼 성과로 이어지는 목표를 설정해야 한다.

T(Time-bound) : 기한이 명시되어 있는가?

목표에는 반드시 '언제까지'라는 시간 기준이 필요하다. 그래야 우선순위가 정해지고, 조직 전체가 몰입할 수 있는 동력이 생긴다. '고객 리뷰 수를 늘린다'보다 '3개월 안에 네이버 리뷰 50건 이상 확보한다'처럼 기한과 수치가 함께 포함되어야 실행력이 높아진다.

이렇게 SMART 목표 설정법을 적용하면 직원들은 각자의 업무가 병원 성장과 연결되어 있다는 것을 체감하게 되고, 성과를 달성할 수 있게 된다.

그렇다면 SMART 목표 설정법을 적용하여 병원의 목표를 설정해 보자. 가장 먼저 해야 할 일은 병원 전체의 목표(전사 목표)를 설정하는 것이다. 예를 들면 '내년에 총 매출 10%를 높이자'는 전사 목표를 정한다고 가정하면, 이를 실제로 실행 가능한 수준으로 구체화한 것이 핵심성과지표(KPI; Key Performance Indicator)다. KPI는 단순한 숫자의 집합이 아니라, 병원이 어느 방향으로 가야 하는지를 보여주는 경영의 나침반이다. 고객 수, 평균 대기 시간, 수술 성공률, 병상 회전율(의과) 혹은 체어 가동율(치과)과 같은 정량 지표는 병원의 성과를 객관적으로 관리하는 핵심 도구가 된다.

전사 목표와 KPI 예시

- **전사 목표** : 2025년 상반기까지 매출 20% 향상하기
- **핵심성과지표(KPI)** : 상담 동의율 80% 유지, 신규 고객 수 월 150명에서 200명까지 확보

병원의 KPI는 목표를 '실행 가능한 단위'로 쪼개는 과정이다. 고객 여정에 따라 KPI를 구분하면 놓치는 지표 없이 설정할 수 있다. 예를 들어 고객 여정 8단계를 크게 유입, 방문, 치료, 재방문의 네 단계로 구분한 다음, 개선해야 할 지표를 다음과 같이 선정할 수 있다.

- **유입** : 신규 유입 건수, 광고 전환율, 전화 문의 수 등
- **방문** : 신규 예약률, 예약 후 방문 전환율 등
- **치료** : 상담 동의율, 리콜 응답률, 중도 이탈률 등
- **재방문** : 재내원율, 관리 프로그램 참여율, 리뷰 작성률 등

그다음으로는 각 팀별 목표를 설정하고 핵심성과지표를 연결하면 된다. '누가 무엇을 해야 달성되는가'까지 정해야 전사 목표를 달성할 수 있다.

성공적인 병원의 성과는 목표 관리에 달려 있다. 병원의 목표 관리는 현장에서 실행력을 확보하고 개선을 반복할 수 있는 시스템이어야 한다. 병원의 성장은 우연이 아니다. 숫자를 설정하고, 행동을 추적하고, 문제를 수정하는 과정의 반복이다. 좋은 성과 지표는 병원의 나침반이다. 보여주는 숫자가 아니라, 움직이게 만드는 숫자를 설계하자.

03

목표를 달성하는
실행 계획 수립법

많은 병원이 해마다 목표를 세운다. 핵심성과지표(KPI)까지 숫자를 분명하게 정해 놓는다. 그런데도 목표가 잘 달성되지 않았다면 이유는 단 하나다. 목표는 있지만, 목표를 만들어낼 실행 계획을 세우지 않았기 때문이다. 예를 들어 연말에 내년 핵심성과지표를 신규 고객 수로 하고 현재 월 신규 고객 150명을 200명으로 올리는 것으로 선언했다면, 이 목표가 실행될 수 있는 계획을 세워야 한다. 목표는 숫자로 말하지만, 성과는 구조로 만들어진다. 목표를 달성하는 실행 계획은 조직화, 일정화, 예산화라는 세 단계로 세울 수 있다. 실행 계획 수립법을 사례를 통해 살펴보자. 월 신규 고객 수가 150명이던 한 치과가 월 신규 고객 수를 200명으로 높이겠다는 목표하에 실행 계획을 세워 보자.

1단계는 조직화다. 이는 거창한 조직개편이 아니라 목표에 맞게 역할 분담을 하는 걸 말한다. 역할을 나누는 순간, 목표는 공염불이 아니라 직원 개인의 업무가 된다.

목표 실행 계획 중 조직화 예시
- **마케팅 담당** : 유입 수치 책임
- **데스크** : 예약 전환, 내원율 책임
- **상담 담당** : 상담 동의, 치료 선택 책임
- **실장** : 전체 흐름 관리와 숫자 점검 책임

2단계는 일정화, 즉 목표를 관리 가능한 단위로 쪼개는 것이다. 병원에는 바쁜 일이 많다. 일정이 정해지지 않은 계획은 늘 '지금 당장 하지 않아도 되는 일'로 밀리게 된다. 그렇기에 월 150명에서 200명으로 가려면 월/주/일 단위로 나누는 게 필요하다. 월 50명 증가, 주 +12~13명, 일 +2명 내외가 되는 것이다. 이렇게 나누면 그때부터 "내년에 잘해보자"가 아니라 "오늘 신규 고객을 두 명 더 만들기 위해 무엇을 할까"가 실행 과제가 된다.

일정화된 계획은 업무의 흐름을 자연스럽게 만들고, 실행의 리듬을 만든다. 특히 일정은 한 명이 아니라, 팀을 고려해 조율되어야 한다. 그래야 실제로 움직이는 일정이 된다.

3단계는 예산화이다. 계획에는 반드시 돈과 자원이 함께 움직여야 한다. 광고비, 시스템 비용, 인건비, 교육비 등 실행에 필요한 모든 자원이 실행 계획에 연결되어야 한다. 예를 들어, 전자 차트 시스템을 도입한다고 할 때 다음과 같은 기준으로 예산화할 수 있다.

- 도입 비용은 얼마인가? (초기 설치 + 연간 유지비)
- 도입 후 최소 4주는 기존 업무 속도 저하를 감수할 준비가 되어 있는가?
- 기존 종이 차트는 어떻게 전산화할 것인가?
- 직원 교육은 내부에서 할 수 있는가, 외부 강사가 필요한가?
- 시스템 정착까지 병원장이 직접 점검하는 시간은 확보되어 있는가?

목표는 방향이고, 계획은 지도다. 하지만 병원 경영에서 지도만 잘 그린다고 그 길을 자동으로 가게 되는 것은 아니다. 그 길을 누가 걸을지(조직화), 언제까지 걸을지(일정화), 그 길에 필요한 자원은 무엇인지(예산화)를 실행 계획에 반영해야 한다. 이러한 세 단계가 없는 계획은 실행될 수 없지만, 이 세 가지가 준비된 병원은 성과를 낸다.

04

월간&주간&일간 계획 점검 노하우

병원에는 목표가 많다. 그런데 중요한 건 목표 설정이 아니라 실제 행동으로 이어지는가다. 이 간극을 줄이는 방법은 단 하나, 계획이 지속적으로 현장에 적용될 수 있도록 월간/주간/일간 계획 루틴을 만드는 것이다.

《성과관리》의 저자 류랑도는 목표는 단위 기간이 짧을수록, 개인의 생각과 의지를 행동으로 옮기기가 쉬워진다고 말했다. 즉, 연간 목표를 월간/주간/일간 단위로 쪼개고, 점검하고 기록하면서 반복의 루틴을 만들어야 한다. 이것이 성과를 만들어내는 병원의 공통점이다. 그러면 월간/주간/일간 계획을 어떻게 만들고 점검해 갈 것인지 차례로 살펴보자.

월간 계획 점검은 방향을 정렬하고, 진척된 성과를 공유하는 것이다. 월간 루틴은 일종의 '정기 건강검진'과 같다. 병원 전체의 방향성과 실제 운영이 얼마나 일치하고 있는지를 돌아보는 시간이다. 또한 팀원들에게 그동안의 성과를 공유하고, 잘한 점을 인정해 주는 중요한 기회이기도 하다.

월간 계획 점검 방법

• **월간 경영 미팅** : 병원장과 실장, 각 부서 책임자가 모여 전월의 주요 지표(신규 고객 수, 채널별 유입, 상담 동의율, 리뷰 수, 진료 항목별 객단가 등)를 리뷰하고, 어떤 전략이 효과적이었는지를 점검한다. 필요하면 전략을 조정하거나 새로운 목표를 설정한다.

• **성과 공유 브리핑** : 모든 직원에게 병원의 운영 성과를 공유한다. 고객 증가, 예약률 상승, 재내원율 개선 같은 구체적 변화 내용을 알려주면 팀원들의 사기를 높이고 방향성을 일치시키는 데 효과적이다.

• **성과 인정과 보상** : 월간 우수 직원을 선정하거나 작은 보상(감사 카드, 기프티콘 등)을 통해 직원의 동기를 유지한다. 단, '기준'과 '인정 방식'이 명확해야 신뢰를 얻을 수 있다.

주간 계획 점검은 한 주의 실행을 리뷰하는 것이다. 일간 계획 점검이 실행력을 점검하는 것이라면 주간 점검은 '실행 결과'에 대한 리뷰이다. 일주일간 실행한 계획에 대한 평가가 가능하기 때문이다.

병원 운영은 일주일 단위로도 충분히 흐름을 파악할 수 있다. 주간 루틴 때 이번 주에 어떤 상담이 많았는지, 동의율은 어떻게 되었는지, 리콜은 제때 이루어졌는지를 돌아봐야 한다.

주간 계획 점검 방법

• **Weekly 리뷰 미팅** : 실장 또는 팀장과 함께 KPI 지표와 실행을 점검한다. 상담 수, 상담 동의율, 예약 취소율, 재내원율 같은 숫자들은 병원의 상태를 가장 명확히 보여주는 신호다. 지표 점검은 2주 간격 리뷰를 추천한다. 그래야 비교적 완성된 지표로 남은 2주를 집중할 이슈를 발견할 수 있다.

• **One Point Lesson 공유** : 한 가지 이슈를 중심으로 개선점을 논의하거나, 잘한 사례를 소개해 전 직원이 학습할 수 있도록 한다. '짧고 강한 메시지'가 실행으로 이어지는 포인트다.

• **리콜 흐름 점검** : 지난주 리콜 대상 고객이 실제로 재방문했는지, 어떤 고객이 이탈했는지 파악하여 다음 행동을 설계한다.

주간 계획 점검은 실장이나 관리자 한 명이 책임지고 이끌며 직원을 지적하는 시간이 아니라, 팀 단위에서 함께 점검하는 구조로 설계되어야 한다. 함께 원인을 찾고 다음 액션을 설계하는 시간이어야 한다. 편안한 분위기에서 문제 원인을 함께 토론하고, 실행안은 회의 후 바로 실행하는 것을 원칙으로 하는 것이 좋다. 회의 내용은 팀별로 공유되어야 하며, 다음 행동으로 이어질 수 있도록 격려하고 관리해야 한다.

일간 계획 점검은 매일의 실행력을 점검하는 것으로, 마치 병원의 체온을 측정하는 일과 같다. 하루를 시작하기 전 그리고 하루를 마감하기 전의 점검은 병원의 컨디션을 유지하고, 작은 이상 징후를 초기에 발견하는 데 효과적이다.

일간 계획 점검 방법

- **아침 목표 점검** : 하루를 시작하며 오늘의 예약·상담·리콜 현황을 빠르게 확인한다. 오늘 반드시 집중할 핵심 목표 한 가지를 공유해 팀의 방향을 맞춘다.

- **진료 전 환경 점검** : 진료 전 실장이 진료실을 순회하며 진료 준비 상태, 장비 세팅, 청결 상태 등을 체크한다. 이 과정은 단순한 청소 점검이 아니라, 고객 경험의 첫 단추를 확인하는 일이다.

- **진료 중간 점검** : 진료 중간에 대기 시간, 예약 취소, 고객 불만 등 흐름 이상을 점검한다. 문제가 보이면 오늘 바로 조정할 행동을 정한다.

- **당일 마감 점검** : 하루 목표 달성 여부와 잘된 점, 개선할 점, 내일 이어서 점검할 포인트를 기록한다.

이러한 일간 점검은 문서화된 체크리스트나 데일리 보고 노트로 정리하는 게 좋다. 기록하면 잊어버리지 않을 수 있기에 그날의 경힘을 가치 있게 활용할 수 있다. 처음엔 기록하는 게 번거롭게 느껴질 수 있지만, 일의 구조를 만들고 실행력을 높이는 데 도움이 되므로 반드시 기록할 것을 권한다.

병원의 실행력이란 단지 열심히 하는 것이 아니라, 반복 가능한 점검 구조를 만드는 것이다. 성과는 루틴으로 누적될 때 비로소 현실로 나타난다.

또한 루틴은 사람의 의지가 아니라 시스템의 힘이 있을 때 지속될 수 있다. 개인의 의지가 아니라, 조직 전체가 공유하는 행동 패턴으로 자리 잡아야 한다. 행동하지 않는 목표는 의미가 없고, 점검되지 않는 행동은 사라지기 마련이다. 그래서 병원에는 '목표 설정 회의'보다 중요한 것이 '실행 점검 회의'이고, 혼자 일을 잘하는 사람보다 필요한 것이 일을 시스템으로 만드는 실행력 있는 직원이다.

05

매출 증대로 이어지는 직원 성과 관리법

연봉 재계약 시즌이 다가오면 조직 내 분위기는 자연스럽게 예민해진다. 이때 가장 많이 듣게 되는 직원들의 말은 이렇다.

"제가 진짜 열심히 했는데, 급여가 별로 안 올라서 서운해요."

이에 대해 리더는 종종 이렇게 얘기한다.

"급여 인상은 지금까지의 성과를 평가하고, 앞으로의 성장을 기대하며 결정하는 건데… 몇 년째 제자리인 것 같아요."

이런 대화는 대개 '실적'과 '성과'를 혼동할 때 생긴다. 이럴 때 리더에게 이렇게 묻는다.

"그 직원에게 기대하는 바를 명확히 전달하신 적이 있나요?"

그러면 대부분 말문이 막힌다. 조직 전체의 목표도 물론 중요하지만, 개개인이 어떤 역할을 어떻게 더 잘해야 하는지를 직원에게 인식시키는 것 또한 매우 중요하다. 항상 직원은 얼마나 많이 일했는지, 즉 실적을 이야기하고, 리더는 얼마나 의미 있는 결과를 냈는지, 즉 성과를 말한다. 둘 사이의 간격이 좁혀지지 않으면 갈등이 생기고 퇴사로 이어질 수 있다.

실적과 성과는 무엇이 다를까? 실적은 '구체적인 업무 행동'을 말한다. 예를 들어 '이번 달 마케팅 이메일을 10건 보냈다'가 실적이 된다. 반면에 성과는 '동의율이 5%에서 15%로 상승했다'처럼 '행동이 만든 결과'를 말한다. 무엇이 얼마나 변화했는가의 가치와 의미로 성과를 평가하게 된다. 예를 들어 2025년과 2026년의 상담 건수는 50건으로 큰 변화가 없지만, 2026년에는 상담 동의율이 60%에서 80%로 20% 향상되었다. 여기서 상담 건수는 구체적 업무 행동이기에 실적이 되고, 상담 동의 건수와 동의율이 전년 대비 향상되었다는 것은 상담 만족도에 대한 질적 개선이라는 의미이므로 성과가 된다.

또한 상담 시간이 2025년에는 30분이었지만, 2026년에는 10분이 단축되어 평균 20분으로 줄어들었다. 상담 시간이 줄었는데 동의율은 올렸으므로 효율성의 향상, 즉 '성과'가 되는 것이다.

이렇듯 실적은 단지 '얼마나 많이 했는가'를 말해주고, 성과는 '얼마나 의미 있게 변화했는가'를 보여준다.

실적과 성과 구분 예시

	2025년	2026년	실적/성과
월 평균 상담 건수	50건	50건	실적
평균 상담 시간	30분	20분(전년 대비 약 33% 감소)	성과
상담 동의 건수	30건	40건	성과
상담 동의율	60%	80%(전년 대비 약 20% 증가)	성과

실적 중심의 평가는 숫자를 맞추기 위한 형식적인 반복 작업을 낳을 우려가 있다. 반면, 성과 중심의 평가는 변화의 방향과 질을 평가하기 때문에 직원의 지속 가능한 성장을 유도한다. 지속 가능한 성장을 바라는 병원이라면, 단순히 '열심히'보다 '잘할 수 있도록' 이끄는 문화, 즉 성과 중심 조직문화로 전환해야 한다.

어떻게 해야 성과 문화로 전환될 수 있을까? 성과 문화를 정착시키려면 구체적인 업무 매뉴얼 작성, 일의 완수, 보고 완료, 이 세 가지 실행 방안이 필요하다.

첫 번째. 구체적인 업무 매뉴얼 작성

구체적인 업무 매뉴얼을 작성해야 하는 이유는 그렇게 해야 재작업을 줄이고, 책임을 명확히 할 수 있어서다. 또한 좋은 습관을 선택하도록 유도하는 이정표가 된다.

내가 진행했던 기획력 향상 프로그램의 수강생이었던 어느 실장은 재진 고객의 내원율을 높이기 위해 '하루 1건 이상 재진 고객 상담 예약 확보'로 목표를 구체화했다. 목표 자체는 단순했지만, 고객 증상 질문 → 반응에 따른 예약 유도 → 미루는 경우 리스크 설명 → 결과 공유 등 4단계 실행 프로세스로 좋은 성과를 낼 수 있었다.

① **고객 증상 질문** : "지난번 치료한 쪽은 지금 어떠세요?", "불편하신 점 있으세요?"로 고객의 소리를 듣는 질문으로 시작한다.

② **반응에 따른 예약 유도** : 불편하다면 바로 예약으로 연결하고, 괜찮다고 하면 "다른 쪽은 언제쯤 진행하실 계획이세요?"라면서 반대쪽 치료 시점을 질문한다.

③ **미루는 경우 리스크 설명** : "한쪽만 사용하시면 저작에 불편이 생길 수 있어요. 가급적 부드러운 음식 위주로 드시고 혹시라도 불편하신 게 심해지시면 그땐 꼭 오셔야 해요."

④ **결과 공유** : 재진 고객 전화 상담 결과를 공유한다.

이러한 행동 흐름은 직원 개개인의 판단이 아닌, 일하는 기준이라는 시스템 위에서 움직였다. 그 결과 한 달 후 재진 고객 내원율이 12% 상승했다.

두 번째. 일의 완수

일을 시작하고 마무리를 짓지 않으면 성과로 이어질 수 없다. "잘해보자", "실수 없게 하자" 등의 추상적인 말이 아니라 어떤 상태가 완료인지를 명확하게 정의하는 게 필요하다.

- **수납업무** : 영수증 출력 → 고객 설명 → 수납 완료 → 기록까지 마쳤을 때 '완료'

- **인수인계** : 인수인계 완료 후 리더에게 보고까지 마쳤을 때 '완료'

세 번째. 보고 완료

어떤 업무/문제 상황이 있었고, 그것의 원인이 무엇이며, 어떻게 해결했는지를 리더가 궁금해하는 흐름에 따라 보고하는 것이다. 보고서 작성에 대한 구체적 내용은 챕터의 마지막 '성과를 빛내는 보고의 기술'에 정리해 두었으니 확인해 보자.

관점을 바꿔야 조직이 성장한다. 조직이 진짜로 성장하기 위해서는 '얼마나 많이 했는가'가 아니라 '얼마나 의미 있게 변화했는가'를 봐야 한다. 성과 중심의 조직일수록 직원은 단순한 작업자가 아니라 문제 해결자, 가치 창출자로 성장하게 된다. 실적이 아닌, 성과로 관리하자. 그것이 변화와 성장을 이끄는 출발점이다.

병원 성과관리 점검 회의 양식

회의 주제	
회의 일시	
참석자	

회의 안건

1. 이전 회의 실행 점검(Check)

과제	담당자(정/부)	완료 여부	실행 후 변화
		☐ 진행중 ☐ 완료	
		☐ 진행중 ☐ 완료	

2. 주요 지표 리뷰(전월 또는 전주 대비)

항목	월간 목표	현재 수치	변화 요인 or 결과
신규 고객 수	예: 200명		
신규 상담 동의율	예: 70%		
월평균 객단가	예: 60만 원		
리뷰 작성 수	예: 20개		

3. 관찰된 문제(이슈) 요약

(사소해 보이는 이슈라도 기록할 것. 이후 개선 과제의 단서가 됨)

- EX 1. 월요일 신규 고객 대기시간 증가
- EX 2. 신규 상담 동의 후 다음 진료일까지 예약 지연 발생

4. 원인 분석(해석하기)

(문제의 배경과 원인을 팀별로 추정하기)

문제	팀별 원인 분석	해결방안 논의

5. 실행 항목 도출(Action Plan)

실행 과제	담당자(정/부)	시작일	완료일	기대효과	중간보고일

6. 기타 논의 및 제안 사항

06

생산성을 두 배로 올리는 리더의 말하기 기술

"일이 너무 많아서 힘들어요."

병원 컨설팅을 위해 현장을 방문하면, 성과와 상관없이 직원들이 자주 꺼내는 말이다. 이런 이야기를 반복해서 듣는 리더들은 답답함을 느끼지만, 감정을 억누르고 이렇게 대답하곤 한다.

"다른 팀도 다 똑같이 힘들어요."

"지금 인력이 없으니 어쩔 수 없죠."

"이번 주만 지나면 괜찮아질 거예요."

하지만 이런 반응은 문제를 덮을 뿐, 해결하지는 못한다. 직원들은 업무량 그 자체보다, 자신의 감정을 알아주지 않는 리더에게 실망하게 된다. 마음을 얻지 못하면 성과도 나올 수 없다.

리더십은 일방적인 지시가 아니라 대화에서 시작된다. 탁월한 리더는 말을 많이 하지 않는다. 하지만 한마디로 팀의 분위기를 바꾸고, 위기 속에서도 신뢰를 이끌어낸다. 그들은 직원의 마음을 움직이는 대화를 한다.

오늘날처럼 불확실성이 큰 시대에는 '지시하는 관리자'보다, '신뢰를 이끌어내는 소통가'가 되어야 한다. 이때 가장 효과적인 대화법이 바로 비폭력 대화(NVC; Nonviolent Communication)이다.

비폭력 대화 모델은 심리학자 마셜 로젠버그가 고안한 소통 방식으로, 자신의 감정과 욕구를 솔직하게 표현하면서도 상대방을 비난하거나 방어하지 않고, 서로의 마음과 필요를 연결하는 대화법이다. 비폭력 대화는 네 단계로 이루어진다.

- **관찰(Observation)** : 판단이나 해석 없이 관찰한 사실을 있는 그대로 전달
- **느낌(Feeling)** : 그 상황에서 느낀 감정을 솔직하게 표현
- **욕구(Need)** : 어떤 변화가 필요한지를 밝히며 바람을 전달
- **요청(Request)** : 상대에게 구체적인 행동을 부탁

이것은 단순히 말을 부드럽게 하는 법이 아니다. 성과와 감정 관리가 통합된 리더의 핵심 대화 전략이다. 퇴사 면담을 요청하는 직원들이 공통적으로 하는 말이 있다.

"일이 많은 건 괜찮아요. 그런데 마음이 힘든 건 참기 힘들어요."

문제는 일이 아니라, 문제에 대한 감정을 말할 수 없는 조직의 분

위기이다. "일이 너무 많아서 힘들어요"라고 말하는 직원이 있을 때, 이 대화 모델을 적용해 이렇게 답해보면 어떨까.

- **관찰** : "이번 주 들어 고객도 많아졌고, 이틀 연속 초과 근무까지 있었죠?"
- **느낌** : "그래서 많이 지치셨겠어요. 체력적으로도 힘드셨을 것 같아요."
- **욕구** : "업무를 감당하면서도 숨 쉴 여유, 회복할 수 있는 시간이 필요하다는 생각이 들어요."
- **요청** : "이 상황에서 우리가 함께 개선할 수 있는 방법이 있을까요? 예를 들어, 특정 시간대에 업무를 분산하거나 순환 근무를 조정해 보는 것도 좋을 것 같아요."

대화의 시작은, 직원이 "힘들다"고 말할 때 "무슨 일이 있었나요?"라고 조심스럽게 물어보는 것이다. 마음을 털어놓고 대화를 나누어야 비로소 해결을 이야기할 수 있다. 리더는 어렵게 마음을 연 직원의 상황을 이해하고, 적극적으로 대응해야 한다. 업무를 재분배하고, 목표를 고려해 우선순위를 재정렬하며, 더 효율적인 환경을 만들어야 한다. 병원의 바람을 전하는 것에 그치지 않고, 개인에게도 가치가 느껴지는 방식을 추가하면 더욱 좋다. 그것이 지속 가능한 협업의 출발점이 되기 때문이다.

직원 모두의 말을 다 들어줄 수는 없겠지만, 리더가 먼저 비난하거나 평가부터 시작한다면 그 팀에서는 진짜 의견이 더는 나오지 않는다. 말을 논리적으로 하되, "걱정이 된다", "우려가 된다" 등의 진심 어린 감정을 함께 담으면 상대의 감정도 누그러진다. 사람을 지켜주는 리더가 진짜 성과를 만들어낸다.

병원처럼 속도가 빠르고 실수가 용납되지 않는 환경일수록 사람 사이의 연결을 지키는 대화가 중요하다. 그러한 대화가 있어야 리더는 현장을 더 깊이 이해하게 되고, 직원은 지쳤을 때 빨리 회복하려는 마음을 되찾게 된다.

07

잘된 사례를 조직의 성과 문화로
정착시키는 법

기억에 남는 수강생이 있었다. 그는 부산에서 10년 넘게 운영된, 체어 네 대 규모의 치과에서 근무하는 관리자였다. 그는 정체된 매출을 타개하기 위해 최근 3개월 대비 120% 성장이라는 목표를 세우고, 기획PT 3개월 과정을 시작했다. 원장님은 이 목표가 달성되면 치과 확장을 고려하겠다는 입장이었지만, 실제로는 1년 이상 매출이 제자리였던 상황이었다.

나는 그에게 "이 목표는 현재의 자원, 즉 체어 네 대만으로 실현 가능한가요?"라는 질문을 던졌고, 함께 과거 데이터를 분석했다. 과거 두 차례의 매출 성장 시기가 있었는데, 공통된 성공 요인은 기존 재진 고객의 상담 건수 증가와 그로 인한 상담 동의율 상승이었다.

우리는 이 성공 패턴을 전략에 반영하기로 했다.

- **목표** : 매일 재진 고객 한 명의 상담 예약하기
- **실행** : 치료가 남아 있는 고객 ◯명에게 매일 직접 전화 걸기(환자의 숫자는 실무자와 관리자가 협의할 것)
- **제약 조건(체어 네 대)** : 예약 시스템 정비, 진료 효율을 높일 수 있는 장비 도입하기(무통 마취, 디지털 진료 장비 등)
- **업무 분담** : 팀원들의 강점에 맞춰 업무 재분담하기

데이터 기반 분석, 실행 계획 수립, 실행 과정의 공유라는 세 가지 핵심 요소가 자연스럽게 이어지며 조직의 학습 문화로 발전한 사례였다.

성과를 향상시키기 위한 프로젝트를 진행할 때 주의할 점은, 대부분 잘 안된 점에만 주목해 문제 해결 중심의 분석을 한다는 것이다. 사실 잘된 성과에도 분석과 공유가 필요하다. 잘된 사례 하나가 조직의 문화를 바꾼다. 아무리 뛰어난 성과도 기록되지 않고, 공유되지 않으면 사라지고 만다. 조직이 성과 문화를 구축하기 위해서는 성과가 루틴으로 기록되고 공유되어야 한다.

조직 차원의 보상 시스템도 병행되어야 한다. 많은 병원에서 잘한 직원에게 그저 "고마워요", "수고했어요"라고 말하고 끝낸다. 직원이 성장하고 있다는 감각을 갖게 만드는 가장 강력한 동력은 '인

정'이다. 아무리 체계적인 교육과 경력 설계를 제공하더라도, 노력에 대한 인정이 없으면 성장의 열정은 쉽게 식는다. 따라서 병원은 직원이 잘한 점을 찾아내 공식적으로 칭찬하고 인정해 주는 문화를 갖추는 것부터 시작해야 한다. 단순히 "수고했어요"가 아니라, "이번 ○○ 고객 대응 정말 좋았어요. 지난번보다 훨씬 침착하고 차분하게 설명하셨더라고요"처럼 '변화와 노력'에 주목한 피드백은 직원 스스로 자신의 성장을 인식하게 만들어 준다.

한 병원에서는 매달 '이달의 변화상'이라는 명칭으로 우수 직원 포상을 운영한다. 단순한 실적이 아니라 '업무 태도에서 긍정적인 변화가 있었던 직원'을 추천받아 시상한다. 상장과 함께 작은 상품권, 동료들이 작성한 감사 메시지 카드가 함께 전달되며, 그 순간은 팀 전체에 긍정적인 감정과 동기를 전파한다.

또 다른 병원에서는 '공개 칭찬 게시판'을 운영하여, 고객이나 동료로부터 받은 감사 메시지를 직원 식당 벽면에 게시한다. 이처럼 눈에 보이고 오래 남는 인정의 순간은 보상 이상의 감정적 연결을 만들어낸다. 작은 보상이라도 인정이 담긴 제도는 자긍심을 자극하고, '병원이 나를 보고 있다'는 안정감을 제공한다. 이러한 경험이 반복되면 직원은 더 책임감 있게 일하고, 더 오랫동안 병원과 함께하고자 한다.

잘된 사례는 성과의 행동 패턴을 문서화하여 공유하는 것이 좋다. "그 사람이라서 잘한 거야"가 아니라, 어떤 방식으로 접근했는지를 명확히 설명해야 구성원들이 따라 배울 수 있다.

"첫 설명은 간단하게 하고, 고객의 질문을 받은 후 디테일한 설명을 추가했어요."

"고객이 고민하는 지점을 먼저 짚어주니 공감도가 올라갔어요."

이와 같은 공유는 다른 구성원에게 학습할 수 있는 좋은 사례가 된다. 또한 공유 이후에는 실행 기회로 연결되어야 한다. 예를 들어 "이번 주에 ○○ 방법을 실습해 보는 미션!", "각 팀에서 이 사례를 적용해 보고 다음 주 회의 때 결과를 공유해 봅시다"와 같이 실행할 수 있는 구조를 만들어야 한다.

잘된 사례는 보여주고, 말하고, 따라할 수 있을 때 비로소 문화가 된다. 성과를 나만의 경험으로 끝내지 말고, 공유하고 분석하며, 함께 배우는 문화로 확장시켜야 한다. 그것이 진정한 리더의 기획이며, 조직이 성장하는 방식이다.

08

성과를 빛내는
보고의 기술

몇 년 전, 한 병원에서 원장님께 유난히 신뢰받는 관리자 두 명을 만난 적이 있다. 두 사람 모두 실무 능력이 뛰어났고 리더십도 분명했다. 그런데 원장님이 그들을 신뢰한다고 말한 이유는 의외로 단순했다.

"묻기 전에 먼저 보고하더라고요."

이 말이 오래 마음에 남았다. 보고를 먼저 한다는 것은 단순히 일이 빠르다는 뜻이 아니다. 일의 흐름을 스스로 관리하고 있다는 신호이며, 자신이 한 일을 이유와 과정, 결과까지 함께 정리할 수 있다는 의미다. 이런 사람은 본질적으로 '일을 생각하며 하는 사람'이다.

최선을 다한 성과를 가장 빛나게 만드는 것도 결국 한 장의 결과 보고서다. 프로젝트가 시작될 때와 달리 종료될 무렵에는 리더의 기억이 흐려지기 쉽고, 성과 기여자가 왜곡될 가능성이 있다. 이럴 때 결과 보고서는 성과의 맥락을 정확히 기록하고, 기여도를 바로 세우는 역할을 한다.

리더가 성과(결과) 보고서를 요청하면 의외로 수십 장의 문서가 올라오는 경우가 많다. 최선의 노력을 '양'으로 보여주고 싶은 게 실무자의 마음일 텐데, 리더가 보고서를 통해 알고 싶은 것은 '그래서 무엇이 어떻게 달라졌는가'이다. 좋은 성과 보고서를 작성하려면, 리더의 시간을 아낄 수 있도록 그가 궁금해 하는 의식의 흐름에 맞춰 핵심을 한 장으로 압축하는 기술이 필요하다.

나 역시 병원에서 처음 기획 업무를 시작했을 때, 성과(결과) 보고는 가장 어려운 일이었다. 늘 바쁜 상사에게 보고해야 했기에, '상사가 듣고 싶어 할 한 줄'이 무엇인지부터 고민했다. 상황 설명을 길게 늘어놓다가 "한마디로 뭐가 달라졌다는 건데?"라는 말을 들은 적도 여러 번이다. 대부분의 리더는 매우 바쁘고, 보고에서 가장 먼저 알고 싶은 것은 변화의 핵심 한 줄이다. 그래서 성과 보고서에서 제목은 그 자체가 메시지가 된다.

성과보고서 제목은 핵심 메시지와 구체성을 담아 한 줄로 명확하게 작성하는 것이 가장 효과적이다. 예를 들어 핵심 키워드가 상담 동의율이라면 '상담 동의율 개선' 대신 '매출 상승을 위한 상담 동의율 10% 개선 프로젝트 결과 보고서'처럼 수치와 목적을 함께 넣으면 상사가 바로 내용을 파악할 수 있다. 제목은 간결하고 직관적이어야 하며, 15자 이내로 핵심만 담아 불필요한 수식어를 줄이고, 명사형으로 끝내는 것이 좋다. 성과 보고는 잘한 일을 자랑하는 문서가 아니다. 조직이 무엇을 통해 성과를 만들었는지를 정확히 기록하고, 다음 성장을 준비하기 위한 의사결정 자료다. 그리고 그 성과를 가장 설득력 있게 전달하는 힘은, 언제나 '한 장에 담긴 명확한 변화의 메시지'에서 나온다.

내용은 어떻게 만들까. 앞서 설명한 성과 피드백 AAR 카드 작성을 적용하여 목표, 실제 결과, 차이와 원인, 개선 방향과 요청 사항의 총 네 단계로 나눌 수 있다. 이러한 네 단계가 간결한 문장과 핵심적 수치와 함께 작성되어야 한다. 그러면 리더의 이목을 끌기에 충분하다.

성과 보고서의 작성 형태

목표 → 실제 결과 → 차이와 원인 → 개선 방향과 요청 사항

성과 보고의 첫 시작은 언제나 '우리가 무엇을 목표로 했는가'다. 예를 들어 '상담 동의율 10% 향상'이라는 목표가 있었다면, 이후의 모든 수치는 이 목표를 기준으로 읽혀야 한다. 목표가 없는 성과 보고는 방향 없는 숫자 나열에 불과하다.

두 번째로는 실제 결과가 어땠는지를 적어야 한다. 이때 '상담 동의율 13%, 목표 초과 달성'처럼 수치를 제시하면서 목표 초과 달성,

목표 달성, 목표 미달 등으로 보고해야 한다. 또한 수치 변화는 단계적으로 보여주는 게 좋다. 예를 들어 상담 동의율 목표가 82%였고 실제 결과가 85%였다면 최종 수치만 제시하는 게 아니라, '72% → 76% → 85%로 3개월간 상승했다'고 변화의 과정을 보여주는 것이다. 그래야 과정과 결과를 연결해 해석하기가 쉽다.

세 번째는 목표와 결과 사이에 발생한 차이가 무엇이고, 그 원인은 무엇인지 분석하는 것이다. 진짜 좋은 보고는 여기서 갈린다. 왜 목표에 못 미쳤는지, 혹은 왜 목표를 초과 달성했는지를 구체적인 실행 내용과 연결해야 한다. 목표를 달성하기 위해 전화 상담부터 방문 상담까지 상담 프로세스를 어떻게 바꿨는지, 상담자 교육 방식을 어떻게 수정했는지가 명확히 드러나야 한다.

이때 중요한 점은 추상적인 표현이 아니라 행동 단위의 변화로 설명하는 것이다. '교육을 강화했다'가 아니라 '실제 녹취 기반 피드백을 주 1회 도입했고, 상담 후 즉시 롤플레잉을 진행했다'처럼 말해야 목표와 실제 결과 차이의 원인을 이해할 수 있다.

마지막에는 개선 방향 및 요청 사항이 들어가야 한다. 성과 보고는 끝이 아니라 다음 실행의 시작이다. 그래서 마무리에 이 두 가지가 들어가야 한다.

1. 개선 방향	2. 요청 사항
• 교육은 어떤 주기로 해야 하는가. • 어떤 지표가 아직 불안정한가. • 어떤 구간에 추가 분석이 필요한가.	• 새로운 시스템 도입 여부 • 데이터 정례 보고 체계 구축 • 추가 인력 또는 예산 배정

성과 보고의 수준이 곧 그 조직의 운영 수준이다. 숫자만 나열하는 보고는 과거를 정리하는 보고이고 목표, 실제 결과, 차이와 원인, 개선 방향과 요청 사항까지 담긴 보고는 미래를 결정하는 보고다.

잘 쓴 성과 보고서는 사람이 아니라 시스템을 평가하고, 구조를 점검하며, 다음 성장을 설계한다. 그래서 성과 보고의 기술이 곧 조직을 성장시키는 기획의 기술이 된다.

매출 향상을 위한 상담 동의율 10% 개선 프로젝트 결과 보고서 예시

20○○년 ○월 ○일 경영기획부 ○○○부장
기　간 : 20○○년 ○월 ○일 ~ ○월 ○○일

무엇이 목표였는가?	상담 동의율 10% 향상
실제 결과는?	상담 동의율 13%, 목표 초과 달성
목표와 결과 차이와 원인은?	[월별 동의율의 변화] • 3월 : 72% (동의 108건/전체 상담 150건) • 4월 : 76% (동의 110건/전체 상담 150건) • 5월 : 85% (동의 141건/전체 상담 165건) 동의율이 3개월간 13%p 증가함. [원인/기여요인] A. 전화 매뉴얼 개선 • 전화 상담 신환 예약률 12% → 22% : 상담 흐름을 단순화하고, 고객 질문에 대한 응대 문구를 명확히 구조화함.

<table>
<tr><td>목표와 결과
차이와
원인은?</td><td>

B. 상담 프로세스 개선
- 1회 평균 상담시간 30분 → 20분
  : 불필요한 설명을 줄이고, '선동의-후질문' 구조로 전환.

C. 동의율이 낮은 상담자 대상 교육 진행
- 상담 동의율 60% → 70%
  : 실제 녹취 기반 피드백과 모의 상담 롤플레잉을 도입.

[결론]

3개월간의 상담 프로세스 개선 결과

→전화 신환 예약률 10% 증가, 상담시간 10분 감소,
  상담 동의율 10% 증가 효과.
  : 이 변화는 시간을 줄였고, 동의율을 끌어올렸다는 것에 의미
    가 있음.

</td></tr>
<tr><td>개선 방향과
요청 사항은?</td><td>

[개선 방향]

A. 교육 주기화 필요
- 교육 효과는 분명했지만, 일회성 교육은 유지력 부족.
- 신규 입사자 포함 분기별 정기 교육 체계 도입 필요.

B. 비급여 진료 보류 케이스 분석 부족
- 비급여 진료 보류 사유가 '가격', '재방문 고민' 등 다양하나
  정량 분석 미흡.
- 실패 유형 데이터화 및 대응 스크립트 설계 제안.

[요청 사항]

성과 리포트 자동화 기능 연동 검토 요청.
: 상담시간, 동의율 데이터를 매주 자동 리포트 형태로 추출 가
  능하도록 시스템 개선 필요.

</td></tr>
</table>